Libro de cocina plantas ricas en proteínas

Sabrosas recetas veganas para un cuerpo fuerte, vital y saludable, cómo aumentar su energía y fuerza sin afectar el medio ambiente natural

Escrito por

JANE BRACE

contenida en este documento, incluyendo, pero no limitado a, — errores, omisiones o inexactitudes.

Tabla de contenidos

GALLETAS DE MANTEQUILLA DE MANÍ PRETENCIOSAMENTE PERFECTAS46 3946

SNICKERDOODLES48 4148

TRAIL MIX GALLETAS51 4451

GALLETAS DE CALABAZA CON CHISPAS DE CHOCOLATE SÚPER SUAVES54 4754

GARAM MASALA GALLETAS57 4957

GALLETAS MAPLE59 5159

SANDIES PECAN61 5361

MACARRONES COCOA63 5563

FLORENTINOS65 5665

COOKIES DE HUELLA DIGITAL67 5867

GALLETAS DE BODA69 MEXICANAS 6069

RACIMOS NARANJA DE CHOCOLATE BLANCO DE ARÁNDANOS71 6271

FECHA GOTA GALLETAS73 6473

GALLETAS SIN HORNEAR DE CHOCOLATE CON MANTEQUILLA DE MANÍ76 6776

GALLETAS CHERRY COCONUT NO-BAKE78 6978

GALLETAS EN BLANCO Y NEGRO80 7180

PARGOS DE JENGIBRE82 7382

GALLETAS DE ACEITE DE OLIVA LIMÓN85 7585

OBLEAS DE VAINILLA89 7989

OBLEAS DE CHOCOLATE91 8191

GALLETAS DE AZÚCAR93 8393

PAN CORTO MANTECOSO96 8596

PAN CORTO DE CHOCOLATE99 8799

SPECULOOS101 89101

MANTECA SPECULOOS104 91104

PIZZELLES105 92105

GALLETAS SNOW CAP107 94107

GALLETAS SÁNDWICH DE ESMOQUIN109 96109

GALLETAS DE CARAMELO DE COCO112 98112

GALLETAS SÁNDWICH DE LIMÓN115 101115

GALLETAS ENROLLADAS DE PAN DE JENGIBRE117 103117

GALLETAS LLENAS DE FIGGY119 105119

SPRINGERLES122 108122

GALLETAS CINNAMON GRAHAM124 110124

RUGELACH127 112127

GALLETAS DE LIMA GLASEADA CRUJIENTES129 114129

PALMIERS131 116131

GALLETAS ICEBOX LAVANDA132 117132

CRUJISTAS MOCHA135 119135

GALLETAS MATCHA137 121137

LADYFINGERS139 123139

MADELEINES141 125141

COBERTURAS: GLASEADOS, ESMALTES Y SALSAS

FONDANT DE MALVAVISCO

RENDIMIENTO: CUBRE UN PASTEL DE 2 CAPAS

¡Fondant es una de esas cosas maravillosas que pueden ayudar a transformar un pastel de "meh" a "maravilloso!" Es fácil de usar y se puede hacer en múltiples colores. También puedes usar fondant para hacer formas lindas cortadas para pegar en tu pastel. Una vez que haya cubierto su pastel, despliegue una capa delgada y luego corte usando cortador de galletas, consulte Rolling Fondant. Cepille ligeramente un lado con agua y péguela en el pastel.

1 bolsa (10 onzas) de malvaviscos veganos, como Dandies

1/4 de taza de agua tibia

1 cucharadita de extracto de vainilla (opcional)

1/2 cucharada de aceite de coco refinado, más 1/4 de taza para amasar y engrasar

2 a 3 gotas de coloración de alimentos (opcional)

11/2 tazas de azúcar de confitero + aproximadamente 1/2 taza extra para amasar

- Engrase a fondo una espátula de silicona y un tazón de mezcla.

- Coloca los malvaviscos en una cacerola mediana y calienta a fuego medio-bajo hasta que estén pegajosos, durante unos 5 minutos, revolviendo a menudo. Agregue el agua, el extracto de vainilla, 1/2 cucharada de aceite de coco y la coloración de los alimentos, si lo desea. Continúe cocinando a fuego medio-bajo hasta que quede completamente suave, durante unos 7 minutos, revolviendo a menudo con la espátula de silicona engrasada.

- Transfiéralo a un tazón de mezcla muy bien engrasado. Batir cuidadosamente en 11/2 tazas de azúcar de confitero hasta que sea pegajoso. Lo más probable es que haya azúcar del pastelero que permanece en la parte inferior del tazón. Está bien, déjalo.

- Usando manos engrasadas, retira del tazón y amasar en aproximadamente 1/2 cucharada de aceite de coco y más azúcar de confitería hasta que la masa ya no sea pegajosa. Se deben tomar bastantes pequeñas adiciones de azúcar de confitería, alrededor de 1/2 taza en total, para llevarlo a la consistencia correcta.

- Envuelva en envoltura de plástico y enfríe durante la noche. Retire el fondant del refrigerador unos 10 a 15 minutos antes de usarlo. Conservar en recipiente hermético en nevera durante un tiempo de hasta 2 semanas.

Fondant rodante

Ya sea que uses mi receta para Marshmallow Fondant,u optes por la compra de tiendas, como la marca Satin Ice, trabajar con fondant es más fácil de lo que parece; de hecho, creo que es la forma más fácil de hacer un pastel de aspecto espectacular con poco alboroto. Simplemente necesitas tener algunas herramientas baratas a mano para que se vea impecable.

Mantenga siempre un pequeño recipiente de aceite de coco a mano para engrasar las manos, ya que el fondant tiende a secarse rápidamente, pero se puede ahorrar fácilmente masajeando un toque de aceite de coco o acortándose en él.

Cuando trabajo con fondant, recomiendo tener algunas herramientas especiales a mano para hacer la experiencia más fácil. Un rodillo fondant y anillos de rodadura de goma son útiles, así como una espátula fondant, que permitirá una aplicación suave en su pastel.

El consejo más importante que puedo ofrecer es asegurarme de que el pastel que está cubriendo sea parejo. Usa un cuchillo dentado para tallar los pasteles en capas uniformes (por lo general sólo hay que recortar la parte superior) y llenar los huecos con un poco de glaseado adicional. Utilice el método activado para crear una capa de migaja y, si lo desea, agregue una capa final de glaseado al exterior de la torta. Ahora estás listo para cubrir el pastel.

Al desplegar fondant, asegúrese de desplegarse en la superficie azucarada de un pastelero muy limpio, plano y ligeramente. Utilice anillos de plástico en un rodillo de fondant para determinar el grosor de su fondant, lo que asegurará una capa uniforme en su pastel. Usa el rodillo de fondant para ayudar a levantar el fondant enrollado y transferirlo uniformemente al pastel. Reparar las lágrimas o grietas con un toque de agua y/o aceite de coco. Finalmente, alisar el pastel con la espátula de fondant, moviendo suavemente la espátula sobre el fondant en un movimiento circular para eliminar cualquier protuberancia grande o burbujas. Puede insertar un pasador limpio en cualquier burbuja pequeña para "reventarlos" antes de suavizar, si es necesario. Sellar bordes con bolas de fondant o glaseado entubado.

GLASEADO DE CREMA DE MANTEQUILLA

RENDIMIENTO: 4 TAZAS

Un estándar en el arsenal de cualquier amante del postre, esta receta funciona excepcionalmente bien con margarina o aceite de coco. Si opta por este último, agregue una pizca de sal y manténgalo ligeramente frío.

6 cucharadas de margarina no láctea o aceite de coco (frío)

6 tazas de azúcar de confiteros

2 a 3 cucharaditas de extracto de vainilla

6 cucharadas de leche no láctea

2 cucharadas adicionales suavizadas con margarina no láctea o aceite de coco

- Crema juntos las 6 cucharadas de margarina y aproximadamente 1/2 taza de azúcar del pastelero. Añadir gradualmente otros ingredientes, excepto la margarina ablandada. Una vez que todos los demás ingredientes se han combinado y son bastante suaves, añadir en margarina suavizada.

- Mezcle a muy alta velocidad, usando un accesorio de batidor, batiendo hasta que esté esponjoso.

- Úsalo inmediatamente en la torta o enfríe en la nevera para su uso posterior. Si está refrigerado, asegúrese de que se ablande ligeramente estableciendo la guinda a temperatura ambiente hasta que se ablande lo suficiente como para extenderse fácilmente sobre la torta. Si encuentras la guinda demasiado gruesa, añade un toque más de leche nondairy a delgada. Conservar en recipiente hermético en nevera durante un tiempo de hasta 2 semanas.

GLASEADO ESPONJOSO ESTILO PANADERÍA

RENDIMIENTO: 2 TAZAS

Usa este glaseado clásico para llenar pasteles whoopie,cupcakes y más. Este glaseado se puede hacer fácilmente hasta 1 semana antes de tiempo y almacenarse en el refrigerador antes de usarlo. Asegúrese de descongelarse a temperatura ambiente antes de usarlo.

2 tazas de azúcar de confiteros

1 taza de acortamiento no hidrogenado

1/4 de taza de margarina no láctea

- Batir los ingredientes en un tazón de mezcla eléctrica, o a mano, hasta que estén esponjosos. Almacene refrigerado y deje calentar ligeramente a temperatura ambiente antes de canalizar o extenderse a pasteles o galletas. Conservar en recipiente hermético en nevera durante un tiempo de hasta 1 semana.

GLASEADO DE QUESO CREMA

RENDIMIENTO: 11/4 TAZAS

Una receta infalible con un toque ácido. Siéntase libre de sub en 1 taza de crema de anacardo dulce + 1 cucharadita de jugo de limón en lugar del queso crema vegano. Para hacer una glaseada llovizna en lugar de un glaseado esponjoso, simplemente delgado con 2 a 3 cucharadas de leche nondairy y 1 cucharadita de agave o jarabe de maíz.

8 onzas de queso crema nondairy

2 tazas de azúcar de confiteros

- Haz la guinda mezclando los ingredientes vigorosamente a mano, o usando una batidora eléctrica, hasta que estén esponjosos. Enfríe antes de usarlo. Conservar en recipiente hermético en nevera durante un tiempo de hasta 1 semana.

GLASEADO DE CHOCOLATE ESPONJOSO

RENDIMIENTO: 2 TAZAS

Mejor que las cosas de una lata, pero igual de adictivo. Cubre tus cupcakes favoritos o úsalo como relleno entre galletas, como las Obleasvainilla.

2/3 taza de cacao en polvo

1/3 taza de acortamiento no hidrogenado

1/4 de taza de margarina no láctea suavizada

1/4 de taza de leche no láctea

21/2 tazas de azúcar de confitero

- En un tazón grande equipado con un accesorio de batidor, combine el cacao en polvo, el acortamiento y la margarina hasta que quede suave. Agregue gradualmente la leche no láctea y el azúcar de los confiteros y luego bata a alta velocidad hasta que estén esponjosos, raspando por los lados según sea necesario. Hace suficiente para un pastel de hojas; receta doble si se hace para un pastel de capa. Conservar en recipiente hermético en nevera durante un tiempo de hasta 2 semanas.

GLASEADO DE CHOCOLATE ALEMÁN

RENDIMIENTO: SUPERA 1 PASTEL DE CHOCOLATE ALEMÁN

Este glaseado de coco dulce hace un topper apropos para pastel de chocolate alemán, pero es igual de delicioso en otras aplicaciones, ¡así! Pruébalo encima de una gran cucharada de Vanilla Soft Serve.

1/2 taza de agave

3/4 de taza de azúcar en polvo

2 cucharadas de leche no láctea

1 taza de pacanas finamente picadas

2 cucharadas de aceite de coco, suavizado

2 tazas de coco rallado endulzado

- En un tazón mediano, mezcle el agave, el azúcar en polvo y la leche nondairy hasta que quede suave. Agregue el resto de los ingredientes y mezcle bien. Extienda sobre los pasteles mientras estén calientes, o entuba los cupcakes usando una bolsa sin propina. Conservar en recipiente hermético en nevera durante un tiempo de hasta 2 semanas.

GLASEADO DE CARAMELO

RENDIMIENTO: CUBRE 12 CUPCAKES

Este glaseado rico y aterciopelado recuerda a caramelos dulces y salados, sin necesidad de esclavizar sobre la estufa. A pesar de que este glaseado va impresionantemente con los cupcakes de caramelo bourbon recomendados, esto también sabe fantástico en pastel de chocolate. Para disfrutar de un regalo exagerado, pruébalo en la parte superior de mis Ultimate Fudgy Brownies, y espolvoreado con pacanas tostadas.

2 tazas de azúcar de confiteros

1/2 cucharadita de extracto de vainilla

1 cucharada de melaza

1/4 de taza de leche no láctea

1/8 cucharadita de sal

1 cucharada de margarina no láctea

- Combine todos los ingredientes, en el orden dado, en un pequeño tazón de mezcla eléctrica y mezcle a alta velocidad hasta que estén suaves y pegajosos. Esparce generosamente en la parte superior de los cupcakes enfriados o pastel de capas. Conservar en recipiente hermético en nevera durante un tiempo de hasta 2 semanas.

GLASEADO MOCHA-FLUFF

RENDIMIENTO: 11/2 TAZAS

Este glaseado se utiliza mejor justo después de prepararse, ya que a medida que se enfría, se endurece en una cobertura fantásticamente ligera y ventilada, similar a un caramelo.

1 taza de malvaviscos veganos, como Dandies

1 cucharada de margarina no láctea

2 cucharaditas de espresso instantáneo en polvo

2 tazas de azúcar de confiteros

1 cucharada de leche no láctea

- En una cacerola pequeña, calienta los malvaviscos, la margarina y el espresso en polvo a fuego medio-bajo hasta que los malvaviscos y la margarina se hayan derretido. Revuelva constantemente y luego transfiera inmediatamente a un tazón de mezcla equipado con un accesorio de batidor. Mezcle en bajo a medida que agregue el azúcar y la leche nondairy y luego aumente la velocidad a alta y batir hasta que esté esponjoso. Transfiéralo rápidamente a una bolsa de tuberías equipada con una gran punta redonda y pipa en cupcakes.

Puedes duplicar el lote de esta receta y hacer una confitería como un merengue vegano. Simplemente entuba el pergamino o el papel encerado y deja que el aire se seque durante unas 6 horas.

GLASEADO DE VAINILLA

RENDIMIENTO: 1 TAZA

Particularmente agradable para el acristalamiento de la mitad de una galleta en blanco y negro,este glaseado también funciona bien para pasteles, blondies,y casi cualquier regalo que se teocurra.

1 taza de azúcar de confiteros

1 cucharada + 1 a 2 cucharaditas de leche no láctea

11/2 cucharaditas de jarabe de maíz ligero

1/8 cucharadita de extracto de vainilla Sal dash

- En un tazón pequeño, bate todos los ingredientes hasta que estén muy suaves, asegurándonos de que no queden bultos. Utilí con el uso inmediato después de hacer y dejar establecer durante al menos 1 hora antes de la manipulación.

GLASEADO DE CHOCOLATE

RENDIMIENTO: 1 TAZA

Este glaseado súper fácil sabe igual que la guinda de los populares pasteles de chocolate y hace un glaseado alternativo perfecto para Petits Fours.

1/3 taza de monedas o patatas fritas de chocolate no lácteos derretidas

1 cucharadita de aceite de coco

1/3 taza de azúcar de confiteros

1 cucharadita de jarabe de maíz

1 cucharada de leche no láctea

* En un bol pequeño, bate el chocolate y el aceite de coco hasta que estén suaves. Agregue gradualmente el azúcar, el jarabe de maíz y la leche nondairy de la confitería, revolviendo continuamente para mezclar. Revuelva vigorosamente hasta que quede muy suave. Utilí con el fin de rematas y pasteles. Deje configurar durante 2 horas antes de la manipulación.

GLASEADO DE LIMÓN

RENDIMIENTO: 1 TAZA

Perfecto en lo alto de la torta de limón o rociado en galletas de azúcar,este glaseado se establece rápidamente y debe ser preparado justo antes de su uso.

1 limón grande, en rodajas finas

1 taza de azúcar

11/2 a 2 tazas de azúcar de confiteros

1 cucharadita de jarabe de maíz

- En una cacerola de 2 cuartos a fuego medio, lleve las rodajas de limón y el azúcar a un hervor suave y deje cocinar durante 1 minuto. Retire del fuego y colar el líquido en un tazón mediano. Mezcle el azúcar y el jarabe de maíz de la confitería hasta que estén suaves y cremosos. Rocíe sobre pasteles o galletas enfriadas y deje reposar durante 1 hora antes de servir.

ICING REAL

Esta guinda tiene numerosos usos, desde tuberías intrincadas decoraciones en galletas, hasta casas de pan de jengibre encoladas juntas. Haga esta guinda justo antes de usar para una aplicación más fácil. Para obtener mejores resultados, utilice una bolsa de tuberías equipada con una pequeña punta redonda.

2 tazas de azúcar de confiteros

3 cucharadas de leche no láctea

1 cucharada de jarabe de maíz

- Coloque todos los ingredientes en un tazón mediano y mezcle hasta que estén muy suaves. Úsalo inmediatamente.

SALPICADURAS DE ARCO IRIS

RENDIMIENTO: 2 TAZAS

Las salpicaduras de bricolaje para pasteles y galletas son muy simples, y te da la opción de hacer tus propias aspersiones usando tintes alimentarios totalmente naturales.

1 receta Royal Icing
4 o 5 colores diferentes de colorante, pasta o gotas de alimentos

- Prepare el Royal Icing de acuerdo con las instrucciones de la receta y divida uniformemente entre cuatro o cinco pequeños cuencos de mezcla. Coloque 1 o 2 gotas de cada color en los cuencos individuales hasta que se alcancen los colores deseados. Coloque un color de glaseado en una bolsa de tuberías equipada con una punta redonda muy pequeña (o puede utilizar una bolsa de almacenamiento de plástico con solo la punta de una esquina cortada). Entuba una larga corriente delgada de glaseado en una alfombra de silicona o una hoja de papel encerado. Repita con todos los colores y deje secar por completo. Una vez seco, usa un cuchillo afilado para cortar en pequeños jimmies.

GANACHE DE CHOCOLATE NEGRO

RENDIMIENTO: 2 TAZAS

Este delicioso topper de pastel no podría ser más fácil de hacer, y sólo contiene dos ingredientes. Usa el chocolate de la mejor calidad que puedas conseguir para un sabor excepcional. Ganache hace un relleno encantador entre pasteles y galletas, también, especialmente las obleas devainilla.

3/4 de taza de leche de coco con grasa completa

11/2 tazas de chips de chocolate no lácteos

* Caliente la leche de coco en una cacerola pequeña a fuego medio justo hasta que empiece a burbujear. Retirar del fuego. Coloque las papas fritas de chocolate en un tazón pequeño y luego agregue la leche de coco caliente para derretir las papas fritas. Dejar enfriar hasta que se espese ligeramente.

SALSA DE CHOCOLATE DIABÓLICAMENTE OSCURA

RENDIMIENTO: 1 TAZA

Los polvos de espresso y cacao se combinan para una salsa pecaminosamente rica. Fácil de hacer, es genial servido caliente sobre helado, o rociado en tartas de queso para un toque extra-especial.

2/3 taza de cacao oscuro en polvo

1/2 cucharadita de espresso en polvo

12/3 tazas de azúcar

11/4 tazas de agua

11/2 cucharaditas de extracto de vainilla

* En una cacerola mediana, mezcle el cacao en polvo, el espresso en polvo, el azúcar y el agua. A fuego medio, hierva la mezcla y deje cocinar durante 1 minuto, mientras remueve constantemente. Retire del fuego y agregue el extracto de vainilla. Deje enfriar antes de transferirlo a un recipiente hermético. Conservar en nevera durante un tiempo de hasta 2 semanas y recalentarse para servir caliente o usar frío.

SALSA DE CARAMELO CALIENTE

RENDIMIENTO: 11/2 TAZAS

Mejor que el tipo que se puede comprar en la tienda, esta salsa de caramelo caliente se mantiene hasta 1 mes si se almacena en un recipiente hermético en la nevera.

1 taza de azúcar

1/3 taza de cacao en polvo

2 cucharadas de harina de arroz integral (superfina es mejor)

2 cucharadas de aceite de coco

1 taza de leche no láctea

1 cucharadita de extracto de vainilla

* En una cacerola pequeña, mezcle todos los ingredientes y caliente a fuego medio. Continúe revolviendo a medida que la mezcla se calienta, asegurándose de que no queden grumos a medida que la mezcla se calienta. Reduzca ligeramente la temperatura y continúe cocinando hasta que espese, durante unos 3 a 4 minutos. Revuelva bien justo antes de servir y disfrute del calor.

* Conservar en recipiente hermético en el refrigerador durante un máximo de 1 mes, y recalentar según sea necesario para rematar helados y otras golosinas.

SALSA BUTTERSCOTCH

RENDIMIENTO: 2 TAZAS

La salsa de mantequilla salada y dulce siempre fue mi topper favorito para el helado. Me gusta tener un frasco guardado en la nevera para esos inevitables antojos de helado.

1/4 de taza de margarina no láctea

1 taza de azúcar morena empacada

3/4 de taza de leche de coco enlatada con grasa completa

1/2 cucharadita de extracto de vainilla

- Coloca la margarina en una cacerola de 2 cuartos a fuego medio y derrite ligeramente. Agregue el azúcar morena y caliente hasta que la margarina y el azúcar se hayan derretido en su mayoría.

- Una vez licuado, agregue la leche de coco y el extracto de vainilla y revuelva bien. Continúe cocinando a fuego medio durante 9 minutos, revolviendo a menudo. Apague el fuego y deje enfriar ligeramente. Bate bien y transfiéralo a un frasco de vidrio. Deje enfriar completamente antes de tapar y transferir al refrigerador. Esto se mantendrá hasta 3 semanas.

SALSA DE CARAMELO

RENDIMIENTO: 1 TAZA

ThiseasycaramelsaucewascreatedfortoppingtheCaramelChai Cheesecake, pero también es increíble sobre helado, especialmente con espolvoreados.

1 taza de azúcar morena, empacada

1/2 taza de margarina no láctea

1/4 de taza de leche de almendras o coco

11/4 cucharaditas de extracto de vainilla

- En una cacerola de 2 cuartos, mezcle los ingredientes y caliente a fuego medio. Cocine, revolviendo, justo hasta que la mezcla se haya espesado a una consistencia cremosa de salsa de caramelo, durante unos 5 minutos. Conservar en recipiente hermético en nevera durante un tiempo de hasta 2 semanas.

CAUTIVADORAS GALLETAS Y BARRAS

¿A quién no le gusta una galleta? Vienen en todas las formas, tamaños, texturas, sabores y colores, son fáciles de preparar, y siempre son un placer para el público, especialmente cuando están libres de algunos alérgenos comunes, ¡como lácteos, huevos y gluten!

Es posible que desee invertir en unos tarros de galletas para albergar todas estas galletas y bares. Si el insecto de hornear te golpea duro, las galletas hacen regalos maravillosos.

SOLTAR GALLETAS

GALLETAS CLÁSICAS CON CHISPAS DE

CHOCOLATE

RENDIMIENTO: 24 GALLETAS

Crujientes, masticables y crujientes, estas astilladoras de chocolate son como las que hace la tienda de galletas de la esquina. Asegúrese de dejar reposar durante al menos 30 minutos antes de transferirlos desde la hoja de cookies.

2 cucharadas de harina de linaza

4 cucharadas de agua

1 taza de margarina no láctea

1 taza de azúcar

1 taza de azúcar morena empacada

1 cucharadita de extracto de vainilla

1 cucharadita de bicarbonato de sodio

2 cucharaditas de agua tibia

2 tazas de harina de sorgo

1 taza de harina de arroz integral

1/2 taza de harina de tapioca

1 cucharadita de goma xanthan

1 taza de chips de chocolate semidulce no lácteos

- Precalentar el horno a 375°F.

- En un tazón pequeño, mezcle la comida de linaza con el agua y déjela reposar durante al menos 5 minutos, o hasta que esté espesa. Cremar juntos la margarina y los azúcares hasta que quede suave. Agregue el extracto de vainilla y la comida de linaza preparada. Mezcle el bicarbonato de sodio y el agua y agregue en la mezcla de margarina cremosa.

- En un tazón separado, bate el resto de los ingredientes hasta las patatas fritas de chocolate. Revuelva gradualmente las harinas en la mezcla de margarina hasta que se forme una masa torpe. Debería ser pegajoso, pero no pegajoso. Si es demasiado pegajoso, tendrá que añadir más harina de sorgo, alrededor de 1 cucharada a la vez, hasta que se convierta en una masa suave.

- Dé forma a la masa en cucharadas redondeadas y colóquela en una hoja de galletas sin desengrasar a unas 2 pulgadas de distancia. Hornee en el estante central unos 11 minutos, o hasta que se dore ligeramente en los bordes.

- Conservar en recipiente hermético hasta 1 semana.

GALLETAS DE RAISIN OATMEAL

RENDIMIENTO: 24 GALLETAS

Adictivamente fácil, estos son siempre una adición bienvenida a una bandeja de galletas estándar. Si eres como si fuera de niño, siéntete libre de sub en chips de chocolate para las pasas.

2 cucharadas de harina de linaza

1/4 de taza de agua

1 taza de margarina no láctea

1 taza de azúcar morena

1 cucharadita de extracto de vainilla

1 taza de harina de arroz integral

1/2 taza de almidón de patata

1/4 de taza de harina de tapioca

1 cucharadita de goma xanthan

1 cucharadita de polvo de hornear

3 tazas de avena sin gluten certificada

1 taza de pasas

- Precaliente el horno a 350°F. En un tazón pequeño, combine la comida de linaza con el agua y deje reposar durante 5 minutos, hasta que esté en gel.

- En un tazón grande, cremar juntos la margarina y el azúcar hasta que quede suave. Agregue el extracto de vainilla y la semilla de lino preparada.

- En un tazón mediano, mezcle la harina de arroz integral, el almidón de patata, la harina de tapioca, la goma xantana y el polvo de hornear. Agregue en la mezcla de azúcar cremosa. Doble la avena y las pasas.

- Dé forma a la masa en unas bolas de aproximadamente 11/2 pulgadas y colóquela en una hoja de galletas sin desengrasar a unas 2 pulgadas de distancia. Aplanar ligeramente y hornear en el estante central durante 15 minutos. Deje enfriar completamente antes de servir. Conservar en recipiente hermético durante un tiempo de hasta 1 semana.

GALLETAS DE MANTEQUILLA DE MANÍ PRETENCIOSAMENTE PERFECTAS

RENDIMIENTO: 24 GALLETAS

Ser capaz de llamarse a sí mismo "perfecto" requiere un buen poco de gusto, pero hombre oh hombre, ¡hacer estas galletas entregar! Masticables, pero crujientes, y horneadas hasta que estén gloriosamente doradas, también pueden ser galletas perfectas de almendras, anacardos o mantequilla de girasol si usted tiene alergia al maní. Simplemente cambie en otra nuez o mantequilla de semillas.

1/2 taza de margarina no láctea

3/4 de taza de mantequilla de maní suave

1/2 taza de azúcar

1/2 taza de azúcar morena clara empacada

1 cucharada de harina de semillas de lino

2 cucharadas de agua

3/4 de taza de harina de sorgo

1/4 de taza de harina de tapioca

1/2 taza de almidón de patata

3/4 cucharadita de goma xanthan

3/4 cucharadita de bicarbonato de sodio

Precalentar el horno a 375°F.

- En un tazón grande, cremosa la margarina, la mantequilla de maní y los azúcares hasta que estén suaves. En un tazón pequeño, mezcle la comida de linaza con el agua y déjela reposar durante al menos 5 minutos, o hasta que esté espesa. Añadir en la mezcla de mantequilla de maní.

- En un tazón separado, mezcle el resto de los ingredientes y luego incorpore gradualmente en la mezcla de mantequilla de maní hasta que todo se haya añadido y se forme una masa torpe. Enrolle la masa en bolas de 1 pulgada y aplane las galletas usando un tenedor, formando un patrón de entrecruzado y presionando suavemente pero firmemente. Coloque 2 pulgadas de distancia en una hoja de galletas sin desengrasar.

- Hornee durante 11 minutos. Retirar del horno, pero dejar permanecer en la hoja de galletas hasta que se enfríe por completo. Conservar en recipiente hermético durante un tiempo de hasta 2 semanas. Estos también se congelan muy bien.

SNICKERDOODLES

RENDIMIENTO: 24 GALLETAS

Algunos especulan que los Snickerdoodles tienen raíces alemanas, mientras que otros creen que el nombre "Snickerdoodle" era sólo otro nombre caprichoso de galletas hecho en la tradición de Nueva Inglaterra del siglo XIX. Independientemente de la fuente del nombre, estas cookies son otra de las favoritas de la infancia.

2 cucharadas de harina de linaza

4 cucharadas de agua

1/2 taza de margarina no láctea

1/2 taza de acortamiento no hidrogenado

11/2 tazas de azúcar, más 4 cucharadas para rodar

1 cucharadita de extracto de vainilla

2 cucharaditas de crema de tartar

2 cucharaditas de bicarbonato de sodio

1/2 cucharadita de sal

1 taza de harina de sorgo

1 taza de harina de mijo

3/4 de taza de almidón de patata

1 cucharadita de goma xanthan

1 cucharada de canela, para rodar

- Precalentar el horno a 375°F.
- En un tazón pequeño, mezcle la comida de linaza con el agua y déjela reposar durante al menos 5 minutos, o hasta que esté espesa.
- Crema junta la margarina, acortamiento, y 11/2 tazas de azúcar hasta que quede suave. Mezcle la comida de linaza preparada, extracto de vainilla, crema de sarro, bicarbonato de sodio y sal.
- En un tazón separado, combine la harina de sorgo, la harina de mijo, el almidón de patata y la goma xantana. Combine lentamente la mezcla de harina con la mezcla de azúcar y mezcle vigorosamente (o utilice una batidora eléctrica a velocidad media-baja) hasta que se forme una masa rígida.
- En otro tazón pequeño combine las 4 cucharadas de azúcar con la canela.

- Enrolle la masa en bolas de 1 pulgada y luego enrolle cada bola de masa en la mezcla de azúcar canela.

- Coloque 2 pulgadas de distancia en una hoja de galletas sin desengrasar y hornee durante 9 minutos.

- Retirar del horno, espolvorear con un toque más de azúcar, y dejar enfriar en la hoja de galletas durante unos 5 minutos.

- Transfiera las cookies a un bastidor de alambre y deje enfriar durante al menos 20 minutos más antes de manipularlas. Conservar en recipiente hermético durante un tiempo de hasta 1 semana.

Estas tiernas galletas moteadas con azúcar de canela necesitan mucho espacio al hornear. Asegúrese de colocarlos al menos 2 pulgadas de distancia en una hoja de cookies o las cookies se fusionarán.

TRAIL MIX GALLETAS

RENDIMIENTO: 24 GALLETAS

Estas galletas cuentan con todos mis sabores favoritos de trail mix horneado justo en una galleta deliciosa. Las opciones para los mix-ins son infinitas. Pruebe pepitas, arándanos secos, ¡o incluso su mezcla de especias favorita para sacudir las cosas!

1/2 taza de mantequilla de maní suave

1/2 taza de margarina no láctea

11/2 tazas de azúcar turbinado

1 cucharadita de extracto de vainilla

3 cucharadas de harina de linaza

6 cucharadas de agua

1/4 cucharadita de sal

1 taza de harina de sorgo

1/2 taza de harina de arroz integral

1/4 de taza de harina de almendras

1/2 taza de almidón de patata

1/4 de taza de harina de tapioca

1 cucharadita de goma xanthan

1 cucharadita de polvo de hornear

1/2 taza de coco rallado (endulzado)

1 taza de chips de chocolate no lácteos

1/2 taza de almendras en rodajas

1/2 taza de pasas

- Precalentar el horno a 375°F. En un tazón grande, cremar juntos la mantequilla de maní, margarina, azúcar y extracto de vainilla hasta que quede suave. En un tazón pequeño, mezcle la comida de linaza con el agua y déjela reposar durante al menos 5 minutos, o hasta que esté espesa. Agregue la comida de linaza preparada.

- En un tazón separado, mezcle la sal, la harina de sorgo, la harina de arroz integral, la harina de almendras, el almidón de patata, la harina de tapioca, la goma xanthan y el polvo de hornear. Agregue gradualmente la mezcla de harina en la mezcla de mantequilla de maní y mezcle hasta que se forme una masa.

- Foldinthecoconut, chocolatechips, almendras, andraisinsuntil incorporado.

- Pasar por cucharadas redondeadas en una hoja de galletas sin desengrasar a 2 pulgadas de distancia. Aplanar ligeramente con la parte posterior de una cuchara y hornear durante 12 minutos, o hasta que los fondos estén dorados. Deje enfriar completamente en el estante antes de disfrutar. Conservar en recipiente hermético durante un tiempo de hasta 1 semana.

Si utiliza un azúcar que no sea turbinado, es posible que deba agregar de 1 a 2 cucharadas de leche nondairy para obtener una masa adecuada para formarse.

GALLETAS DE CALABAZA CON CHISPAS DE CHOCOLATE SÚPER

SUAVES

RENDIMIENTO: 20 GALLETAS

Tal como su nombre indica, estas galletas son súper suaves y llenas de bondad de calabaza. ¡Me encanta hacer esto para fiestas de Halloween, ya que siempre son rápidos para ser engullidos!

1/2 taza de margarina no láctea

11/3 taza de azúcar

11/4 tazas de puré de calabaza enlatado (o fresco, drenado bien en tela de queso)

1 cucharadita de extracto de vainilla

1 cucharadita de polvo de hornear

1/2 cucharadita de bicarbonato de sodio

1 cucharadita de sal marina

11/4 tazas de harina de sorgo

3/4 de taza de harina de arroz integral

1/2 taza de almidón de patata

1/4 de taza de harina de tapioca

1 cucharadita de goma xanthan

1 taza de chips de chocolate no lácteos

- Precaliente el horno a 350°F.

- Crema juntos la margarina y el azúcar. Una vez suave, mezcle la calabaza.

- En un tazón separado, mezcle el resto de los ingredientes excepto los chips de chocolate. Doble lentamente la mezcla de harina en la mezcla de calabaza hasta que se mezcle. Dobla las chispas de chocolate.

- Pasa por cucharadas sobre una hoja de galletas sin desengrasar con una distancia de aproximadamente 2 pulgadas. Hornee durante 17 minutos. Retirar del horno y dejar enfriar por completo antes de disfrutar. Conservar en recipiente hermético durante un tiempo de hasta 1 semana.

Si utiliza calabaza fresca con estos, asegúrese de tensar muy bien a los parientes de la bomba para que quede muy poco líquido antes de añadir a las galletas.

GALLETAS GARAM MASALA

RENDIMIENTO: 18 GALLETAS

Si crees que garam masala sólo es bueno para platos salados, ¡estas galletas te abrirán los ojos! Con notas cálidas de azúcar morena, vainilla y la deliciosa mezcla de especias indias, ¿qué no hay que amar?

1 taza de margarina fría no láctea

3/4 de taza de azúcar

3/4 de taza de azúcar morena

1 cucharadita de extracto de vainilla

2 cucharaditas de polvo de hornear

2 cucharaditas de garam masala

1 cucharadita de goma xanthan

2 cucharadas de vinagre de sidra de manzana

1/4 de taza de harina de almendras

1 taza de harina de trigo sarraceno

1/2 taza de harina de arroz blanco dulce

2 cucharadas de cacao en polvo, para desempolvar

- Precaliente el horno a 375°F. Crema juntos la margarina y los azúcares. Agregue el extracto de vainilla, polvo de hornear, garam masala y goma xantana. Agregue el vinagre y luego mezcle gradualmente todas las harinas un poco a la vez hasta que estén bien mezcladas.

- Usando una cucharada, saca bolas redondas en una hoja de galletas sin deslizar a unas 3 pulgadas de distancia. Hornee durante unos 10 minutos, o hasta que las galletas se hayan aplanado por completo.

- Mientras estén calientes, espolvoree un toque de cacao en polvo en cada galleta. Conservar en recipiente hermético durante un tiempo de hasta 1 semana.

GALLETAS DE ARCE

RENDIMIENTO: 24 GALLETAS

Crujientes por dentro y tortas en el medio, estas irresistibles galletas te harán llegar al tarro de galletas una y otra vez con su seductor sabor a arce. Para un regalo extra indulgente, cubra con el glaseado de Mini Maple Donuts.

1 cucharada de harina de semillas de lino

2 cucharadas de agua

1/2 taza de margarina no láctea

1/2 taza de azúcar morena

1/2 taza de jarabe de arce

1 cucharadita de extracto de arce

1 cucharadita de bicarbonato de sodio

13/4 tazas de harina de arroz integral superfina

1 taza de almidón de patata

1/4 de taza de maicena

1/4 de taza de harina de tapioca

1 cucharadita de goma xanthan

1/2 cucharadita de sal

1/2 taza de azúcar turbinado

- Precaliente el horno a 350°F. Forre una hoja de galletas con papel pergamino. Mezcle la comida de linaza con el agua en un tazón muy pequeño. Dejar reposar durante 5 minutos, o hasta que se gelificar.

- En un tazón grande, cremosa la margarina, el azúcar y el jarabe de arce hasta que estén esponjosos. Mezcle la comida de linaza preparada y el extracto de arce.

- En un tazón mediano, mezcle los ingredientes restantes, excepto el azúcar turbinado, y luego incorpore gradualmente a la margarina cremosa hasta que se forme una masa suave. No se sobremezcla.

- Forma en bolas de 1 pulgada y rueda en el turbinado. Aplanar ligeramente con la parte posterior de un tenedor y hornear durante 15 minutos, girando la bandeja de galletas después de 10 minutos de tiempo de cocción. Deje enfriar completamente antes de retirar de la hoja de galletas. Conservar en recipiente hermético hasta 1 semana.

PECAN SANDIES

RENDIMIENTO: 24 GALLETAS

¡Asegúrese de servir con un vaso frío alto de almendras o leche de arroz!

1 cucharada de harina de semillas de lino

2 cucharadas de agua

1/2 taza de margarina no láctea

1/2 taza de aceite de oliva

1/2 taza de azúcar de confiteros

1/2 taza de azúcar

11/4 tazas de harina de arroz integral

1/2 taza de almidón de patata

1/4 de taza de harina de tapioca

1 cucharadita de goma xanthan

1/2 cucharadita de bicarbonato de sodio

1/2 cucharadita de crema de tartar

1/2 cucharadita de sal

1 taza de pacanas picadas, más 24 pacanas enteras para la cobertura

- Precalentar el horno a 375°F.

- Mezcle la comida de linaza con el agua en un tazón muy pequeño. Dejar reposar durante 5 minutos, o hasta que se gelificar. En un tazón grande, mezcle la margarina, el aceite, los azúcares y la comida de linaza preparada hasta que se mezcle.

- En un tazón separado, mezcle la harina de arroz integral, el almidón de patata, la harina de tapioca, la goma xantana, el bicarbonato de sodio, la crema de sarro y la sal. Agregue la mezcla de harina a la mezcla de azúcar y revuelva bien para combinarla en una masa ligeramente grasa. Agregue las pacanas picadas.

- Forma en bolas de 1 pulgada, coloca 2 pulgadas de diferencia en una hoja de galletas sin desengrasar, y coloca una sola pacana encima de cada galleta. Hornee durante 11 minutos, o hasta que estén ligeramente dorados en los bordes.

- Deje enfriar completamente antes de servir. Conservar en recipiente hermético durante un tiempo de hasta 1 semana.

MACARRONES DE CACAO

RENDIMIENTO: 24 GALLETAS

Estas galletas simples son ooey, gooey, y masticable con una cáscara exterior crujiente crujiente crujiente. Perfecto para picar. Si quieres cambiarlo un poco, prueba el método australiano y coloca un poco de mermelada o una fruta, como una cereza seca, dentro de la masa de coco antes de hornear.

3 cucharadas de harina de linaza

1/4 de taza + 2 cucharadas de agua

4 tazas de coco rallado endulzado

1/4 de taza de cacao en polvo

1/2 taza de azúcar

1/2 cucharadita de sal

* Precaliente el horno a 350 °F y forre una hoja de galletas con una alfombra de silicona o papel pergamino.

* En un tazón pequeño, mezcle la comida de linaza y el agua y deje que se ajuste durante 5 minutos, hasta que estén gelificados. En un tazón mediano, mezcle los ingredientes restantes hasta que se mezclen. Doble la comida de linaza preparada y revuelva bien hasta que esté completamente incorporada. La masa será un poco difícil de apretar juntos, pero se mantendrá bien una vez horneado. Colóquelas en la bandeja de galletas preparadas y hornee durante 15 a 18 minutos, hasta

que estén fragantes y ligeramente oscurecidas.

- Deje reposar durante al menos 1 hora antes de servir.

Florentinos

RENDIMIENTO: 12 GALLETAS

A pesar de que el nombre suena totalmente italiano, estas galletas probablemente se originaron en cocinas francesas, con el nombre simplemente un guiño a la ciudad toscana. Tan hermosas como sabrosas, no se deje intimidar por los florentinos; son un chasquido para hacer. Asegúrese de dejar espacio adicional entre cada galleta, a medida que se propagan! Apunta a aproximadamente seis por hoja de galletas de tamaño estándar.

11/4 tazas de almendras en rodajas

1/4 de taza de harina de arroz integral superfina

1/3 taza de azúcar

4 cucharadas de margarina no láctea

1/4 de taza de agave

1/4 cucharadita de sal

1/3 taza de chocolate sin lácteos, derretido

2 cucharadas finamente picadas de cáscaras de naranja confitada o ralladura de naranja

- Precaliente el horno a 350°F.

- En un tazón mediano, combine las almendras y la harina de arroz integral. En una cacerola pequeña, mezcle el azúcar, la margarina, el agave y la sal y lleve a ebullición, revolviendo a menudo. Retire inmediatamente del fuego y revuelva la mezcla en la mezcla de almendras. Mezcle hasta que se combinen totalmente y baje amontonando cucharadas en una hoja de galletas forrada de pergamino, a unos 3 pulgadas de distancia. Con un tenedor ligeramente engrasado, presione las galletas hacia abajo en un círculo plano, de modo que las almendras estén en una sola capa.

- Hornee durante 5 minutos, gire la hoja de galletas y hornee durante 4 a 5 minutos más, hasta que los bordes de las galletas estén dorados. Deje enfriar por completo y luego rocíe con chocolate derretido y espolvoree con cáscara de naranja. Deje que el chocolate se firme antes de servir. Conservar en recipiente hermético durante un tiempo de hasta 1 semana.

COOKIES DE HUELLA DIGITAL

RENDIMIENTO: 24 GALLETAS

Una galleta encantadora que es fácil de hacer y fácil de ver. Espolvoree con azúcar de confitería una vez enfriado para una presentación elegante. Esta galleta funciona mejor con conservas bajas en azúcar (mis favoritos son albaricoque y frambuesa!) o una mermelada de alta pectina. Otros tipos de atascos pueden hacer que el relleno se extienda.

1 cucharada de harina de semillas de lino

2 cucharadas de agua

1 taza de margarina no láctea

1 taza de azúcar

1 cucharadita de extracto de vainilla

1 cucharadita de polvo de hornear

1 taza de harina de sorgo

1 taza de almidón de patata

1 taza de harina de almendras

1 cucharadita de goma xanthan

1/3 taza de conservas (1 cucharadita por galleta)

- Precaliente el horno a 350°F.

- **Mezcle la comida de linaza con el agua en un tazón muy pequeño.** Dejar reposar durante 5 minutos, o hasta que se gelificar. Forre una hoja de galletas con papel pergamino o una alfombra para hornear de silicona.

- Crema juntos la margarina y el azúcar hasta que quede suave. Agregue la comida de linaza preparada y el extracto de vainilla y mezcle bien.

- En un tazón separado, combine el polvo de hornear, la harina de sorgo, el almidón de patata, la harina de almendras y la goma xantana.

- Agregue gradualmente la mezcla de harina a la mezcla de azúcar hasta que se forme una masa rígida.

- Forma en bolas de 1 pulgada y colóquelo en una hoja de galletas. Utilice la parte posterior de una cucharadita de 1/2 (o su pulgar) para hacer una sangría en las galletas mientras las aplana ligeramente.

- Llene cada galleta con un poco menos de una cucharadita de conservas. Hornee durante 15 minutos en horno precalentado y luego deje enfriar completamente. Conservar en recipiente hermético durante un tiempo de hasta 4 días.

GALLETAS DE BODA MEXICANAS

RENDIMIENTO: 15 GALLETAS

Estas galletas delicadamente crujientes prácticamente se derriten en su boca. También conocido como Russian Tea Cakes o Polvorones, no importa qué nombre uses, una vez que los pruebes, nunca los olvidarás.

3/4 de taza de margarina no láctea

1/2 taza de azúcar de confitero, más 1/4 de taza para rodar

1/2 cucharadita de sal

1 taza de harina de almendras

11/2 cucharaditas de extracto de vainilla

3/4 de taza de harina de sorgo

1/2 taza de almidón de patata

1/4 de taza de harina de tapioca

1 cucharadita de goma xanthan

- ## Precalentar el horno a 325°F.
- ## En un tazón grande, crema juntos la margarina y 1/2 taza de azúcar de confitero hasta que quede suave. Agregue la sal, la harina de almendras y el extracto de vainilla y mezcle bien. En un tazón separado, mezcle la harina de sorgo, el almidón de patata, la harina de tapioca y la goma xantana.

- Incorporar gradualmente la mezcla de harina en la mezcla de margarina hasta que se forme una masa torpe. Forma en bolas de 1 pulgada y colóquelo en una hoja de galletas sin desengrasar.

- Hornee de 17 a 20 minutos en un horno precalentado. Deje enfriar durante 2 a 3 minutos, luego cubra toda la galleta con el azúcar adicional del pastelero. Deje enfriar completamente antes de servir. Conservar en recipiente hermético durante un tiempo de hasta 2 semanas.

RACIMOS NARANJAS DE CHOCOLATE BLANCO DE ARÁNDANOS

RENDIMIENTO: 24 GALLETAS

¡Estos suaves racimos de cítricos fragantes, arándanos picantes y chocolate blanco cremoso te harán llegar al tarro de galletas una y otra vez!

2 cucharadas de harina de linaza

4 cucharadas de agua

1/2 taza de margarina no láctea

1/2 taza de compota de manzana sin endulzado

1 taza de azúcar

1 cucharadita de extracto de vainilla

1/2 cucharadita de ralladura de naranja

1 cucharadita de sal

1 cucharadita de bicarbonato de sodio

11/2 tazas de superfina o harina regular de arroz integral

1 taza de maicena

1/2 taza de harina de tapioca

1 cucharadita de goma xanthan

1/2 taza de arándanos secos

1/2 taza de chips de chocolate blanco no lácteos

- Precalentar el horno a 375°F.

- En un tazón pequeño, mezcle la comida de linaza y el agua y deje reposar hasta que esté en gel, durante unos 5 minutos.

- En un tazón grande, cremar juntos la margarina, la compota de manzana, el azúcar, el extracto de vainilla y la ralladura de naranja hasta que quede suave. En un tazón mediano, mezcle la sal, el bicarbonato de sodio, la harina de arroz integral, la maicena, la harina de tapioca y la goma xanthan. Incorpore gradualmente a la mezcla de azúcar hasta que se forme una masa suave. Doble los arándanos y las patatas fritas blancas de chocolate.

- Pasa junto a la cucharada sobre una hoja de galletas forrada de pergamino, a unas 2 pulgadas de distancia. Hornee de 12 a 15 minutos, hasta que se dore en los bordes. Deje enfriar completamente antes de servir. Conservar en recipiente hermético durante un tiempo de hasta 1 semana.

COOKIES DE FECHA

RENDIMIENTO: 24 GALLETAS

Los centros dulces pegajosos están envueltos en una galleta suave para traerte un regalo definitivo. Mi marido, que es ciertamente un fanático de las galletas, se deleita con estos tipos y su textura irresistible. Me gustan particularmente porque son fáciles de preparar, pero se ven tan hermosas cuando se hornean. Para galletas sin soja, utilice yogur sin soja.

relleno

11/4 de taza de dátiles, deshuesadas y finamente picadas

1/2 taza de agua Pellizcar sal

Galletas

2 cucharadas de semillas de lino molidas

73

4 cucharadas de agua

1 taza de margarina no láctea

3/4 de taza de azúcar

3/4 de taza de azúcar morena

1/3 taza de yogur no lácteo sin endulzar

1 cucharadita de extracto de vainilla

11/4 tazas de harina de sorgo

1 taza de harina de arroz integral superfina

3/4 de taza de maicena

1/4 de taza de harina de arroz blanco dulce

1 cucharadita de goma xanthan

11/4 cucharaditas de bicarbonato de sodio

1/2 cucharadita de sal

* Coloque los ingredientes de relleno en una cacerola de 2 cuartos y caliente a fuego medio, revolviendo a menudo. Cocine la mezcla durante 5 minutos, o hasta que espese. Reserva.

* Precaliente el horno a 400°F.

* En un tazón pequeño, combine la comida de linaza con agua y deje 5 minutos, o hasta que estén gruesos. En un tazón grande, cremar juntos la margarina y los azúcares hasta que quede suave. Agregue la comida de

linaza preparada, yogur y extracto de vainilla. En un tazón separado, mezcle el resto de los ingredientes. Incorporar gradualmente la mezcla de harina en la mezcla de azúcar hasta que se forme una masa torpe.

* En una hoja de galletas sin desengrasar, suelta una cucharada de la masa. A continuación, coloque una cucharadita del relleno de fecha en la parte superior de la masa, y luego cubra con una cucharadita más masa de galletas. Repita con toda la masa y el relleno. Hornear durante 11 minutos; dejar enfriar completamente antes de servir. Conservar en recipiente hermético durante un tiempo de hasta 1 semana.

GALLETAS SIN HORNEAR DE CHOCOLATE CON MANTEQUILLA DE MANÍ

RENDIMIENTO: 24 GALLETAS

Esta es una de las primeras recetas que aprendí a hacer cuando era niño, ¡y chico las hice mucho! Estos siempre fueron uno de los favoritos debido a su rapidez y facilidad y irresistible combo de mantequilla de maní de chocolate.

1/4 de taza de cacao en polvo

2 tazas de azúcar

1/2 taza de leche de almendras

1/2 taza de margarina no láctea

1/2 taza + 3 cucharadas de mantequilla cremosa de maní

1 cucharadita de extracto de vainilla

31/2 tazas de avena sin gluten certificada

- Forre una bandeja de galletas grande con papel pergamino.

- En una cacerola de 2 cuartos, combine el cacao en polvo, el azúcar, la leche de almendras y la margarina. Hierva a fuego medio, revolviendo a menudo. Hierva durante exactamente 2 minutos y luego retírelo del fuego. Agregue inmediatamente la mantequilla de maní y el extracto de vainilla. Doble la avena y luego deje caer por cucharadas en la bandeja de galletas preparada. Deje reposar hasta que esté firme, durante aproximadamente 1 a 2 horas. Conservar en recipiente hermético durante un tiempo de hasta 1 semana.

GALLETAS CHERRY COCONUT NO-BAKE

RENDIMIENTO: 24 GALLETAS

Las cerezas tartas funcionan tan bien con la base de estos no horneados, perfecto para cuando estás antojando galletas, pero no quieres encender el horno.

2 tazas de azúcar

1/4 de taza de aceite de coco

2 cucharaditas de extracto de vainilla

1/2 taza de leche no láctea

3 tazas de avena sin gluten certificada

1/3 taza de cerezas secas

1/2 taza de coco descascarillado sin endulzar

1/4 de taza de harina de almendras

- Forre una bandeja de galletas grande con papel pergamino.

- En una cacerola de 2 cuartos, a fuego medio, combine el azúcar, el aceite de coco, el extracto de vainilla y la leche nondairy. Mientras remueve a menudo, hierva la mezcla. Una vez hirviendo, continúe cocinando a fuego medio, revolviendo ocasionalmente, durante 11/2 a 2 minutos. Retire la mezcla del fuego y agregue la avena, las cerezas, el coco y la harina de almendras.

* Colópese amontonando cucharadas en la hoja de galletas preparada. Mientras las galletas todavía están calientes, guíelas en forma uniformemente redonda usando yemas de los dedos ligeramente engrasadas.

* Deje que las galletas se enfríen durante aproximadamente 1 hora a temperatura ambiente. Se endurecerán muy bien.

* Conservar en recipiente hermético durante un tiempo de hasta 2 semanas.

GALLETAS EN BLANCO Y NEGRO

RENDIMIENTO: 12 GALLETAS

Si nunca has probado una galleta en blanco y negro, estás en un placer. Estas bestias de limón ginormous no cuentan con uno, sino dos sabores de glaseado: chocolate *y* vainilla.

1/2 taza + 1 cucharada de margarina no láctea

3/4 de taza de azúcar

1/2 cucharadita de aceite de limón o extracto

2 cucharaditas de huevo en polvo (como Orgran) mezclado con 2 cucharadas de agua

1 taza de harina de frijol/garbanzo

1/2 taza de harina de arroz blanco

1/2 taza de almidón de patata

1 cucharadita de goma xanthan

1/2 cucharadita de polvo de hornear

1/4 cucharadita de sal

2/3 taza de leche no láctea

1 receta Glaseado de Chocolate

1 receta De glaseado de vainilla

* Precaliente el horno a 350°F. Forre una bandeja para hornear grande con papel pergamino.

* Crema juntos la margarina y el azúcar en un tazón grande. Agregue el aceite de limón y el reemplazo de huevo preparado. En un tazón separado, mezcle el frijol, la harina de arroz blanco, el almidón de patata, la goma xantana, el polvo de hornear y la sal. Agréguelo a la mezcla de margarina y luego agregue la leche nondairy. Revuelva bien para combinar hasta que se forme una masa de galletas esponjosa. Usando una cucharada de helado, deje caer la masa en bolas de 3 onzas sobre la bandeja de galletas preparadas, dejando aproximadamente 4 pulgadas entre cada galleta. Usted tendrá que hacer estos en varios lotes, ya que necesitan espacio para extenderse.

* Hornee durante 22 minutos, o hasta que los bordes estén dorados claros. Retirar del horno y dejar enfriar por completo. Prepara el Glaseado de Vainilla y escarcha la mitad de cada una de las galletas con el glaseado de vainilla. Deje endurecer durante unos 20 minutos y prepare el Glaseado deChocolate. Escarcha la otra mitad de cada galleta con el glaseado de chocolate. Deje endurecer completamente, durante unas 2 horas, antes de servir. Conservar en recipiente hermético durante un tiempo de hasta 3 días.

PARGOS DE JENGIBRE

RENDIMIENTO: 24 GALLETAS

Más crujientes que el pan de jengibre, estos pargos empaquen un gran sabor a jengibre en un pequeño aperitivo.

1 cucharada de harina de semillas de lino

2 cucharadas de agua

1 taza de azúcar morena clara empacada

3/4 de taza de aceite de oliva

1/4 de taza de melaza

1 taza de harina de sorgo

1/4 de taza de harina de arroz integral superfina

1/2 taza de almidón de patata

1/4 de taza de harina de tapioca

1 cucharadita de goma xanthan

2 cucharaditas de bicarbonato de sodio

1 cucharadita de sal

1 cucharadita de canela

2 cucharaditas de jengibre rallado fresco

1/2 cucharadita de clavo de olor

1/3 taza de azúcar turbinado, para rodar

- En un tazón pequeño, combine la comida de linaza con agua y deje reposar hasta que esté en gel, durante unos 5 minutos. Precalentar el horno a 375°F.

- En un tazón grande, mezcle la azúcar morena, el aceite de oliva, la melaza y la comida de linaza preparada.

- En un tazón más pequeño, mezcle el resto de los ingredientes excepto el azúcar turbinado y, una vez mezclado, incorpore gradualmente a la mezcla de azúcar hasta que se forme una masa rígida.

- Enrolla en bolas de 1 pulgada y luego cubre con azúcar turbinado. Aplanar ligeramente usando la parte inferior de un vaso y hornear durante 13 minutos en horno precalentado. Deje enfriar completamente antes de servir. Conservar en recipiente hermético durante un tiempo de hasta 2 semanas.

GALLETAS DE ACEITE DE OLIVA DE LIMÓN

RENDIMIENTO: 24 GALLETAS

¡Tiernas y brillantes, estas galletas están seguros de deleitarse! Utilice jugo de limón recién exprimido y aceite de oliva virgen extra para obtener los mejores resultados. Si la masa parece un poco suave, asegúrese de enfriar durante unos 20 minutos en el refrigerador antes de hornear para evitar la propagación excesiva.

1 taza de harina de sorgo

3/4 de taza de harina de arroz integral

1/2 taza de almidón de patata

1/4 de taza de harina de almendras

1 cucharadita de goma xanthan

11/4 tazas de azúcar

2 cucharaditas de bicarbonato de sodio

1/2 cucharadita de sal

2 cucharaditas de ralladura de limón

1/2 taza de aceite de oliva

1/2 taza de jugo de limón

Azúcar granulada para decorar

- Precaliente el horno a 350°F.

- En un tazón grande, bate la harina de sorgo, la harina de arroz integral, el almidón de patata, la harina de almendras, la goma xantana, el azúcar, el bicarbonato de sodio y la sal. Mezcle la ralladura de limón, el aceite de oliva y el jugo de limón hasta que se forme una masa de galletas gruesa.

- Deje caer la masa amontonando cucharadas, o enrolle la masa en bolas del tamaño de una nuez y colóquela a unas 2 pulgadas de distancia en una bandeja para hornear sin desengrasar.

- Aplanar ligeramente con un tenedor (como lo haría con una galleta de mantequilla de maní) y espolvorear ligeramente con azúcar granulada.

- Hornee en el horno precalentado durante 12 minutos, o hasta que los bordes estén ligeramente dorados.

- Retirar del horno y dejar enfriar completamente antes de servir. Conservar en recipiente hermético durante un tiempo de hasta 1 semana.

GALLETAS ENROLLADAS Y EN FORMA

OBLEAS DE VAINILLA

RENDIMIENTO: ALREDEDOR DE 36 GALLETAS

Una oblea de vainilla es siempre una buena galleta para tener alrededor por razones básicas, como hacer en migas de galletas, usar en nimiedades, y simplemente picar. Utilice el extracto de vainilla de la más alta calidad que puede conseguir sus manos para estos, o mejor aún, hacer su propio.

1 cucharada de harina de semillas de lino

2 cucharadas de agua

5 cucharadas de margarina no láctea

1 taza de azúcar

1 cucharada de extracto de vainilla

1/4 de taza de leche no láctea

3/4 de taza de harina de sorgo

1/2 taza de harina de arroz blanco

1/2 taza de almidón de patata

1/4 de taza de harina de tapioca

1 cucharadita de goma xanthan

2 cucharaditas de polvo de hornear

1/4 cucharadita de sal

- Precaliente el horno a 350 °F y forre una hoja de galletas con papel pergamino.

- En un tazón pequeño, mezcle la comida de linaza y el agua y deje reposar hasta que se gelifica, durante unos 5 minutos.

- En un tazón separado, cremosa juntos la margarina, el azúcar y el extracto de vainilla hasta que estén suaves. Mezcle la comida de linaza preparada y la leche nondairy.

- En un tazón mediano, bate los ingredientes restantes y luego combina bien con la mezcla de margarina hasta que se forme una masa suave. Colóquelo en una bolsa de congelador grande y recorte la punta. Canaliza círculos de 1 pulgada en la hoja de galletas cubierta de pergamino a aproximadamente 1 pulgada de distancia. Hornee durante unos 20 minutos, o hasta que se doren en los bordes. Deje enfriar completamente antes de servir. Conservar en recipiente hermético durante un tiempo de hasta 2 semanas.

OBLEAS DE CHOCOLATE

RENDIMIENTO: 36 GALLETAS

Tan versátiles como sus primos vainilla, estas obleas pueden usar muchos sombreros. Emparedar un poco de glaseado de caramelo entre dos galletas o añadir 1 cucharadita de extracto de menta y sumergirlos en chocolate derretido para unas mentas fáciles y finas.

3/4 de taza de margarina fría no láctea

1 taza de azúcar

1 taza de harina de sorgo

3/4 de taza de cacao en polvo

1/2 taza de almidón de patata

1 cucharadita de goma xanthan

1/4 cucharadita de bicarbonato de sodio

2 cucharadas de café fuerte

1/4 de taza de cacao en polvo adicional

- Precaliente el horno a 350°F. Forre una gran bandeja de galletas con papel pergamino o una alfombra para hornear de silicona.

- En un tazón grande, cremar juntos la margarina y el azúcar hasta que quede suave. En un tazón separado, mezcle la harina de sorgo, el cacao en polvo, el almidón de patata, la goma xanthan y el bicarbonato de sodio. Doble los ingredientes secos en la mezcla de azúcar y mezcle hasta que se desmenuzen. Agregue el café y mezcle hasta que se forme una masa suave.

- Doble gradualmente en la 1/4 de taza de cacao en polvo y mezcle hasta que la masa esté viable. Enfríe en el congelador durante 5 a 10 minutos y luego pellizque secciones lo suficientemente grandes como para crear bolas de 1 pulgada. Coloque las bolas de masa en la bandeja para hornear preparada y aplanar con la parte inferior de un vaso a aproximadamente 1/4 de pulgada de espesor. Hornee durante 16 minutos. Deje enfriar completamente antes de servir. Conservar en recipiente hermético para mantenerse nítido hasta 2 semanas.

GALLETAS DE AZÚCAR

RENDIMIENTO: 24 GALLETAS

¡A veces una galleta de azúcar básica es el mejor postre! El secreto de estas galletas es mantener la masa fría. Me gustan mejor enrollados a 1/4 de pulgada de espesor, pero puedes enrollarlos un poco más delgados si prefieres una galleta de azúcar más crujiente.

3/4 de taza de margarina no láctea

1/2 taza de azúcar

1/2 taza de azúcar de confiteros

3 cucharaditas de reemplazo de huevo en polvo + 2 cucharadas de agua caliente, espumada con tenedor

2 cucharadas de vinagre de sidra de manzana

1 cucharadita de extracto de vainilla 1 taza de harina de sorgo

1/2 taza de harina de arroz blanco

3/4 de taza de almidón de patata

1/2 taza de harina de tapioca

1 cucharadita de goma xanthan

1 cucharadita de polvo de hornear

- Cremar juntos la margarina y los azúcares hasta que quede suave. Mezcle el reemplazo de huevo preparado junto con el vinagre y el extracto de vainilla.

- En un tazón separado, mezcle la harina de sorgo, la harina de arroz blanco, el almidón de patata, la harina de tapioca, la goma xanthan y el polvo de hornear. Combine gradualmente la mezcla de harina con la mezcla de margarina hasta que se forme una masa torpe. Si la masa parece demasiado pegajosa para manejar, agregue un poco más de harina de sorgo ... debe ser fácilmente viable con las manos, pero un poco pegajoso. Forma en una hamburguesa, envuelve en envoltura de plástico y enfríe hasta que esté fría, durante aproximadamente 1 hora en el refrigerador y 15 minutos en el congelador.

- Cuando la masa esté fría, precaliente el horno a 400°F. Poner encimera u otra área de trabajo con papel pergamino, y el uso de un rodillo ligeramente enharinado (cualquier tipo de harina hará) y enrollar la masa en cualquier lugar entre 1/3 a 1/2 pulgada de espesor. Corte con sus cortadoras de galletas favoritas, y utilice una espátula de metal plano para levantar suavemente las galletas y colocarlas en una hoja de galletas sin deslizar. Repita hasta que se utilice toda la masa. Si la masa parece estar poniéndose un poco suave y se pega a su alfiler, rechill hasta una vez más viable.

- Hornee galletas durante 7 a 8 minutos, o hasta que estén ligeramente doradas en los bordes. Retire del horno y deje enfriar completamente antes de manipularlo. Conservar en recipiente hermético durante un tiempo de hasta 1 semana.

- Una vez que se hayan enfriado por completo, comer tal cual o cubrirlos con glaseado! Royal Icing funciona muy bien aquí. Entuba un anillo alrededor del exterior de la galleta y deja que se endurezca antes de rellenarlo con glaseado. Esto asegurará una capa uniforme de glaseado en las tapas sin goteos.

PAN CORTO MANTECOSO

RENDIMIENTO: UNAS 20 GALLETAS

El pan corto solía considerarse un manjar y estaba reservado para ocasiones especiales, como Navidad o bodas. Pero no hay necesidad de esperar unas vacaciones, batir algunas de estas galletas en cualquier momento un antojo golpea. Esta galleta simple se puede hacer más elegante si los horneas en moldes de pan corto y sumerges los extremos en chocolate derretido.

1 cucharada de harina de semillas de lino

2 cucharadas de agua

1/2 taza + 2 cucharadas de margarina no láctea

1/2 taza de azúcar

1 cucharadita de extracto de vainilla

3/4 de taza de harina de sorgo

1/4 de taza de harina de arroz integral

1/4 de taza de harina de tapioca

1/2 taza de almidón de raíz de flecha

1/4 de taza de harina de arroz blanco dulce

1 cucharadita de goma xanthan

1/2 taza de chips de chocolate no lácteos, derretidos, para inmersión (opcional)

- En un tazón pequeño, combine la comida de linaza con agua y deje reposar hasta que esté en gel, durante unos 5 minutos. En un tazón grande, cremar juntos la margarina y el azúcar hasta que quede suave. Agregue la comida de linaza preparada y el extracto de vainilla y mezcle hasta que se combinen.

- En un tazón separado, mezcle la harina de sorgo, la harina de arroz integral, la harina de tapioca, el almidón de raíz de flecha, la harina de arroz blanco dulce y la goma xantana. Mezcle gradualmente en la mezcla de azúcar hasta que se forme una masa torpe. La masa puede ser desmenuzada al principio, pero deje suficiente tiempo de mezcla para que se una.

- Envuelva la masa en papel pergamino y enfríe durante unos 30 minutos en el congelador. La masa debe ser fría, pero viable; si es demasiado desmenuzado una vez retirado del congelador, trabajar un poco con las manos para suavizarlo.

- Precaliente el horno a 350°F.

- Crea un disco con la masa y colócalo entre dos hojas de envoltura de plástico y despliegue hasta un grosor de 1/4 pulgada. Corte usando un rascador de banco en cuadrados de 2 pulgadas, o utilice un cortador de galletas circular, y colóquelo en una hoja de galletas sin desengrasar. Hornee durante 12 minutos, o hasta que los fondos estén ligeramente dorados. Deje enfriar completamente antes de retirar de la hoja de galletas. En este punto, si se desea, las galletas se pueden sumergir en chocolate derretido y se les permite establecer copias de seguridad en una hoja de papel encerado. Conservar en recipiente hermético durante un tiempo de hasta 2 semanas.

PAN CORTO DE CHOCOLATE

RENDIMIENTO: 12 GALLETAS

Al igual que el pan corto tradicional, sólo mucho más chocolaty. Me gusta cortarlos en barras, pero siéntase libre de darles forma como desee con cortadores de galletas de metal.

1 taza de margarina no láctea

1/2 taza + 2 cucharadas de azúcar, más 1/4 de taza para rodar

1/2 taza de cacao en polvo

3/4 de taza de harina de sorgo

3/4 de taza de harina de arroz integral

1/2 taza de almidón de patata

1 cucharadita de goma xanthan

• Crema junta la margarina y 1/2 taza + 2 cucharadas de azúcar hasta que quede suave. Usando una batidora eléctrica, o mezclándose rápidamente con una cuchara, agrega gradualmente el cacao en polvo.

• En un tazón separado, combine la harina de sorgo, la harina de arroz integral, el almidón de patata y la goma xantana. Agregue la mezcla de harina en la mezcla de azúcar (un poco a la vez) hasta que todo esté incorporado.

- Siga mezclando hasta que se forme una masa rígida, raspando por los lados según sea necesario. Se verá desmenuzado al principio, pero se unirá muy bien con un poco de mezcla. Usando las manos, pata masa en un disco en una superficie ligeramente azucarada y luego enfríe la masa en el refrigerador durante 2 a 3 horas.

- Cuando esté listo para hornear las galletas, precaliente el horno a 300 °F.

- Usa un cuchillo grande para cortar la masa en rectángulos pares, aproximadamente 1 × 4 pulgadas. Usando una espátula de metal plano, recoge galletas y colócalos en una hoja de galletas sin desengrasar. Espolvoree con azúcar granulada y luego haga unos agujeros en las tapas con un tenedor. Hornee de 30 a 35 minutos. Deje enfriar completamente antes de servir. Conservar en recipiente hermético durante un tiempo de hasta 2 semanas.

SPECuloOS

Estas galletas han sido una de mis favoritas mucho antes de que supiera lo que era un speculoos. Aprendí este término del mundo de los blogs veganos, pero pronto me di cuenta de que había sido uno de mis favoritos desde la infancia, sólo que conocía estas golosinas picantes como "galletas de molino de viento". Siéntase libre de desplegar estos planos y cortados con cortadores de molinos de viento para compartir mi nostalgia.

1 cucharada de harina de semillas de lino

2 cucharadas de agua

1 taza de harina de sorgo

1/4 de taza de harina de tapioca

1/4 de taza de almidón de patata

1/2 taza + 2 cucharadas de harina de almendras

1 cucharadita de goma xanthan

1 cucharadita de polvo de hornear

1 cucharadita de canela

1/4 cucharadita de clavo de olor

1/4 cucharadita de nuez moscada

1/4 cucharadita de jengibre molido fresco

1/4 cucharadita de sal

1/2 taza de margarina no láctea

3/4 de taza de azúcar morena clara empacada

Azúcar extra para aspersión (opcional)

Almendras en rodajas para cobertura

- En un tazón pequeño, combine la comida de linaza con agua y deje reposar hasta que esté en gel, durante unos 5 minutos.

- En un tazón grande, bate todos los ingredientes de la harina (hasta la margarina) hasta que estén bien mezclados. En un tazón de mezcla separado, cremar juntos la margarina y el azúcar morena hasta que quede suave. Mezcle la comida de linaza preparada hasta que se forme una mezcla suave. Agregue gradualmente la mezcla de harina y mezcle durante unos 45 segundos a velocidad media hasta que la masa se agrupe. Enfríe en el congelador durante 40 minutos, o hasta que esté rígido, o alternativamente, enfríe en el refrigerador durante la noche.

- Precaliente el horno a 350°F. Una vez que la masa se enfríe, utilice sus manos para rodar en bolas de 1 pulgada de ancho y colocar en una hoja de galletas sin deslizar. Aplanar con el fondo de un vaso, ligeramente húmedo y sumergido en azúcar granulada. Cubra con unas cuantas almendras en rodajas y hornee en horno precalentado durante 15 minutos. Deje enfriar la hoja de galletas antes de intentar moverse. Una vez enfriado, transfiéralo al bastidor de alambre para endurecerlo por completo.

- Conservar en recipiente hermético durante un tiempo de hasta 5 días.

MANTEQUILLA DE SPECULOOS

RENDIMIENTO: UNAS 2 TAZAS

¡Esta mantequilla de galletas se ha apoderado de la nación de proveedores como Trader Joe's popularizándola hasta el extremo ... pero nunca he encontrado uno en las tiendas que es sin gluten! Así que tuve que hacer las mías, y chico me alegro de haberlo hecho. Prueba esta "mantequilla" encima de cupcakes, más galletas, helados o simplemente una cuchara.

24 Galletas Speculoos

3 cucharadas de agua

1/2 taza de aceite de coco, derretido

- Coloque las galletas en un procesador de alimentos y pulse hasta que estén muy desmenuzadas. Asegúrese de que los desmoronamientos estén finamente picados. Agregue el agua, una cucharada a la vez y pulse hasta que esté bien mezclada. Rocíe el aceite de coco y deje mezclar hasta que quede muy suave, durante unos 5 minutos, raspando los lados según sea necesario. Transfiéralo a un frasco y guárdalo en nevera. Manténgalo hasta 2 semanas.

PIZZELLES

RENDIMIENTO: 18 GALLETAS

Estas galletas son deliciosas por sí solas, pero también hacen un fabuloso acompañamiento a los helados, especialmente cuando se forman en conos de waffle. Para convertir estas galletas en conos de waffle caseros necesitarás una prensa Pizzelle, que se puede obtener de cualquier tienda típica de artículos para el hogar. Cuando esté caliente al tacto, dé forma a los discos de galletas en conos, ajuste dentro de un tazón pequeño para hacer cuencos de waffle; o, déjelos planos para galletas clásicas de pizzelle.

3 cucharadas de harina de linaza

6 cucharadas de agua

1 taza de harina de arroz blanco

1/2 taza de almidón de patata

1/4 de taza de harina de tapioca

2 cucharaditas de polvo de hornear

1 cucharadita de goma xanthan

1 cucharadita de extracto de vainilla

1 taza de margarina no láctea derretida

1/4 de taza de agua

- Precaliente la prensa pizzelle y engrase ligeramente con aceite o aerosol antiadherente justo antes del primer lote, y repita con moderación según sea necesario.

- En un tazón pequeño, mezcle la comida de linaza con agua y deje reposar durante 5 minutos, hasta que esté en gel. En un tazón mediano, mezcle la harina de arroz, el almidón de patata, la harina de tapioca, el polvo de hornear y la goma xantana. Hacer un pozo en el centro de las harinas y añadir en el extracto de vainilla, margarina derretida, comida de linaza preparada, y agua. Mezcle hasta que quede suave. Coloque aproximadamente 1 cucharada de masa en la prensa caliente y sujete para cerrar. Cocine hasta que se dore y luego retire suavemente.

- Para hacer conos de waffle: Usando un guante de horno o manos con guantes a prueba de calor, dé forma suave a la galleta en un cono y colóquela cómodamente en un lugar seguro para enfriar, durante aproximadamente 1 hora. Mira que no se desentrañan antes de enfriarse o se quedarán atascados en esa forma. Deje enfriar por completo, y luego sirva con su regalo congelado favorito. Conservar en recipiente hermético durante un tiempo de hasta 3 semanas.

GALLETAS SNOW CAP

RENDIMIENTO: 24 GALLETAS

Estas galletas son un clásico justo ahí arriba junto a Chocolate Chip y Peanut Butter. ¡Esta versión incluye harina de teff, que cuenta con un perfil nutricional bastante impresionante para un grano tan pequeño, siendo alta en proteínas, hierro, calcio y potasio!

3 cucharadas de harina de linaza

6 cucharadas de agua

1 taza de cacao en polvo

1/2 taza de harina de teff

3/4 de taza de harina de sorgo

1/4 de taza de harina de tapioca

1/2 taza de almidón de patata

1 cucharadita de goma xanthan

2 cucharaditas de polvo de hornear

1/2 cucharadita de sal 2 tazas de azúcar

1/2 taza de acortamiento no hidrogenado derretido

1/4 de taza de leche no láctea

1/2 taza de azúcar de confiteros

- En un tazón pequeño, combine la comida de linaza con agua y deje reposar hasta que esté en gel, durante unos 5 minutos.

- En un tazón grande, mezcle el cacao en polvo, la harina de teff, la harina de sorgo, la harina de tapioca, el almidón de patata, la goma xanthan, el polvo de hornear, la sal y el azúcar. Mientras remueve constantemente, o establece a velocidad media de una batidora eléctrica, agregue la comida de linaza preparada y acorte hasta que se forme una masa desmenuzada. Mezcle bien para mezclar. Agregue la leche nondairy mientras continúa revolviendo y siga mezclando hasta que la masa se agrupe fácilmente.

- Envuelva la masa en pergamino o papel de aluminio y enfríe en el refrigerador durante 2 horas.

- Una vez refrigerado, enrolla en bolas pequeñas de aproximadamente 11/2 pulgadas de ancho y aplana ligeramente para parecerse a pequeños discos.

- Precaliente el horno a 350°F.

- Sumerja las tapas solo en el azúcar del pastelero y colóquela en una hoja de galletas sin desengrasar. Hornee durante 12 minutos, o hasta que se extienda y cruje. Los centros seguirán siendo gooey mientras estén calientes. Deje enfriar completamente antes de disfrutar. Conservar en recipiente hermético durante un tiempo de hasta 1 semana.

GALLETAS SÁNDWICH DE ESMOQUIN

RENDIMIENTO: UNAS 20 GALLETAS

Estas galletas saben igual que la galleta sándwich favorita de Estados Unidos; un toque de naranja añade una nota elegante. ¡Incluso puedes torcer las tapas y simplemente disfrutar del relleno! Sumergidos en leche de almendras se convierten en el remedio perfecto para los desplomes del mediodía.

Galletas

1 taza de margarina no láctea

3/4 de taza de azúcar

1/4 de taza de azúcar morena

1 cucharadita de extracto de vainilla

3/4 de taza de cacao oscuro en polvo

1/2 taza de harina de arroz integral superfina

1 taza de harina de sorgo

1/2 taza de almidón de patata

11/2 cucharaditas de goma xanthan

1 cucharadita de sal

1 cucharadita de polvo de hornear

1/2 cucharadita de bicarbonato de sodio

relleno

11/2 cucharadas de ralladura naranja

1/2 taza de mantequilla a base de coco muy fría (el acortamiento también funcionará)

1/2 taza de margarina no láctea

31/2 tazas de azúcar de confitero

- Cremar juntos la margarina y los azúcares y luego mezclar en el extracto de vainilla. En un tazón separado, mezcle el cacao en polvo, la harina de arroz integral superfina, la harina de sorgo, el almidón de patata, la goma xantana, la sal, el polvo de hornear y el bicarbonato de sodio.

- Incorporar gradualmente las harinas con la mezcla de margarina hasta que se forme una masa oscura torpe. Divida y dé palmaditas en dos discos. Enfríe en el refrigerador durante 2 horas, o brevemente en el congelador, durante unos 10 minutos.

- Después de enfriar la masa, precaliente el horno a 350°F y forre dos hojas de galletas con papel pergamino. En una superficie plana, coloque cada disco refrigerado de masa entre dos hojas separadas de papel pergamino y enrolle cada disco a aproximadamente 1/8 pulgada de espesor. Usando una cortadora redonda de galletas de 2 pulgadas, corta círculos de masa y transfiéralo a hojas de galletas preparadas. Hornee durante 13 minutos y deje enfriar completamente antes de rellenar entre dos de las galletas.

- Para hacer el relleno, simplemente mezcle todos los ingredientes de glaseado usando una batidora eléctrica con accesorio de batidor. Batir hasta que sea esponjoso y luego canalizar un anillo en una galleta y humeante hacia abajo con otra hasta que una capa uniforme de glaseado se establece cómodamente en el medio. Conservar en recipiente hermético durante un tiempo de hasta 1 semana.

GALLETAS DE CARAMELO DE COCO

RENDIMIENTO: 24 GALLETAS

Al igual que las galletas Girl Scout cubiertas de coco que son masticables y crujientes, estas mordeduras brillantes utilizan fechas medjool para defender el caramelo, añadiendo un poco de bondad extra.

Galletas

1 taza de margarina no láctea

1 cucharadita de extracto de vainilla

1/2 taza de azúcar

1 taza de harina de sorgo

3/4 de taza de harina de arroz integral superfina

3/4 de taza de almidón de patata

11/2 cucharaditas de goma xanthan

topping

20 fechas de Medjool, fosas removidas

4 cucharadas de margarina no láctea

1 cucharadita de extracto de vainilla

1/2 cucharadita de sal marina

3 cucharadas de agua

2 tazas de trozos de coco tostado

2 tazas de chocolate no lácteo picado

- Engendra la margarina, el extracto de vainilla y el azúcar hasta que quede suave. En un tazón separado, mezcle la harina de sorgo, la harina de arroz integral, el almidón de patata y la goma xantana.

- Usando una batidora eléctrica, incorpore lentamente la mezcla de harina en la mezcla de margarina y bata a velocidad media-baja durante unos 2 minutos, raspando los lados según sea necesario para formar una masa rígida. Presione la masa en un disco y enfríe en el refrigerador durante una hora más o menos, o enfríe en el congelador durante unos 30 minutos.

- Precaliente el horno a 300°F.

- Una vez que la masa se haya enfriado, despliegue suavemente sobre papel pergamino. Cuanto más caliente sea la masa, más suave será. Rodar a aproximadamente 1/2 pulgada de espesor. Usando un cortador circular de galletas de 11/2 pulgadas, corta tantos círculos como sea posible, guardando los restos, retrocediendo y rerollando hasta que no quede masa. Corte los centros de las galletas con una pequeña cortadora circular de galletas o la parte posterior de una punta de glaseado.

- Coloque las galletas suavemente sobre una hoja de galletas cubierta de pergamino y hornee durante 30 a 35 minutos, o hasta que estén muy ligeramente doradas en los bordes. Deje enfriar completamente antes de retirar de la hoja de galletas.

- Ponga dátiles, margarina, extracto de vainilla, sal marina y agua en un procesador de alimentos y mezcle hasta que estén muy suaves, raspando los lados a menudo. Agregue el coco tostado. Transfiera la mezcla a una bolsa de tuberías equipada con una punta muy ancha. Entuba un anillo de llenado cuidadosamente en las galletas y presiona suavemente en su lugar con los dedos ligeramente engrasados. Colóquelo boca abajo sobre un trozo de papel encerado o una estera de silicona.

- En una caldera doble, coloque el chocolate en el tazón y caliente a fuego medio-bajo hasta que se derrita. Cepille la parte superior de las galletas invertidas con chocolate derretido para cubrir completamente. Deja que el chocolate se endurezca y luego voltea las galletas. Rocía con rayas de chocolate y deja que se endurezca de nuevo. Conservar en recipiente hermético durante un tiempo de hasta 1 semana.

GALLETAS SÁNDWICH DE LIMÓN

RENDIMIENTO: 24 GALLETAS

Estas galletas de ensueño, con obleas crujientes y relleno cremoso, hacen un maravilloso acompañamiento a la manzanilla o té verde.

Galletas

1 cucharada de harina de semillas de lino

2 cucharadas de agua

11/3 tazas de harina de arroz integral superfina

1/2 taza de harina de sorgo

1/4 de taza de harina de tapioca

1/2 taza de almidón de patata

11/2 cucharaditas de goma xanthan

3/4 cucharadita de polvo de hornear

1/2 cucharadita de sal

1 taza de azúcar

1/2 taza de margarina no láctea

1/4 de taza de jugo de limón

Ralladura de 1 limón

relleno

1 cucharadita de ralladura de limón

1 cucharada de jugo de limón

1/2 taza de acortamiento

1/2 taza de margarina no láctea

31/2 tazas + 2 cucharadas de azúcar de confiteros

- En un tazón pequeño, combine la comida de linaza con agua y deje reposar hasta que esté en gel, durante unos 5 minutos.

- En un tazón mediano, mezcle la harina de arroz integral superfina, la harina de sorgo, la harina de tapioca, el almidón de patata, la goma xanthan, el polvo de hornear y la sal.

- En un tazón grande, cremar juntos el azúcar y la margarina hasta que quede suave. Agregue la comida de linaza preparada, el jugo de limón y la ralladura de limón y mezcle bien. Incorpore lentamente la mezcla de harina y revuelva bien hasta que se forme una masa rígida. Divida la masa en dos discos de igual tamaño y enfríe durante al menos 1 hora en el refrigerador. Cuando la masa se enfría, precaliente el horno a 375°F. Despliegue una sección de masa entre dos hojas de papel pergamino hasta aproximadamente 1/4 de pulgada de espesor. Con una cortadora circular de galletas, corte las galletas y colóquelas en una hoja de galletas sin desengrasar. Repita hasta que se haya utilizado toda la masa, rechilling la masa si se vuelve demasiado suave para trabajar con.

- Hornee en horno precalentado durante 9 minutos. Deja que se enfríe por completo. Haga el relleno mezclando todos los ingredientes en una batidora a alta velocidad hasta que estén muy bien combinados. Relleno de tubería en la parte posterior de una galleta y sándwich junto con otra galleta. Repita hasta que se hayan rellenado todas las cookies.

- Permita que las galletas se ajusten durante al menos 1 hora para obtener el mejor sabor y textura. Conservar en recipiente hermético durante un tiempo de hasta 1 semana.

GALLETAS ENROLLADAS DE PAN DE JENGIBRE

RENDIMIENTO: 24 GALLETAS

El jengibre recién rallado realmente hace que estas galletas brillen. Siéntase libre de cortar a estos pequeños (o chicas) en cualquier forma que su corazón desea. Enrollarlos más gruesos para galletas más suaves, y más delgados para más crujientes.

1 cucharada de harina de semillas de lino

2 cucharadas de agua

1/2 taza de margarina no láctea

1/2 taza de azúcar

1/2 taza de melaza

1 cucharadita de jengibre recién rallado

1 cucharadita de canela

1/2 cucharadita de nuez moscada

1/2 cucharadita de clavo de olor

13/4 tazas de harina de trigo sarraceno, dividida

3/4 de taza de almidón de patata

1/4 de taza de harina de tapioca

1 cucharadita de goma xanthan

1/2 cucharadita de sal

- En un tazón pequeño, mezcle la comida de linaza y el agua y deje reposar durante 5 minutos, hasta que esté en gel.

- En un tazón grande, cremosa la margarina, el azúcar, la melaza, el jengibre y la comida de linaza preparada. En un tazón separado, mezcle las especias, 1 taza de harina de trigo sarraceno, almidón de patata, harina de tapioca, goma xantana y sal. Añadir en la mezcla de azúcar y mezclar hasta que se forme una masa. Agregue hasta 3/4 de taza de harina adicional de trigo sarraceno, hasta que se forme una masa suave que sea fácil de manejar. Coloque suavemente la masa en un disco y envuelva en papel pergamino. Colóquelo en congelador y enfríe durante 30 minutos.

- Cuando la masa se enfríe, precaliente el horno a 350°F. Divida la masa por la mitad, y despliegue la mitad de la masa (mientras enfría la otra mitad) a aproximadamente 1/4 pulgada de espesor. Trabajar rápido para que la masa permanezca fría; cuanto más caliente se pone la masa, más pegajosa se vuelve. Una vez enrolladas, utilice sus cortadoras de galletas favoritas para cortar formas y colocar las galletas cortadas directamente en una bandeja para hornear cubierta de pergamino. Hornee durante 9 minutos. Repita con la masa restante y luego deje enfriar.

- Decorar con Royal Icing. Conservar en recipiente hermético durante un tiempo de hasta 2 semanas.

GALLETAS LLENAS DE FIGGY

RENDIMIENTO: 24 GALLETAS

Estas deliciosas galletas, similares a las barras de higos comerciales, son abundantes y no demasiado dulces. La clave de estas galletas es mantener la masa súper fría. Aconsejo enfriar después de cada balanceo y modelado para asegurar galletas enrolladas uniformemente sin frustración.

MASA DE GALLETAS

11/2 cucharadas de harina de linaza

3 cucharadas de agua

2/3 taza de margarina fría no láctea

1 taza de azúcar

1 cucharadita de extracto de vainilla

12/3 tazas de harina de arroz integral

2/3 taza de almidón de patata

1/3 taza de harina de tapioca

1 cucharadita de goma xanthan

21/2 cucharaditas de polvo de hornear

1/3 taza de leche no láctea

Harina de arroz integral adicional para laminación

relleno

21/4 tazas de higos de misión secos, tapas removidas

1/4 de taza de pasas

1 cucharadita de ralladura de naranja

1 manzana pequeña cortada en cubos

1/2 taza de pacanas

3 cucharadas de azúcar

1 cucharadita de canela

* En un tazón pequeño, combine la comida de linaza con el agua y deje reposar durante unos 5 minutos, hasta que esté gelificada.

* En un tazón grande, cremar juntos la margarina y el azúcar hasta que quede suave. Mezcle el extracto de vainilla y la comida de linaza preparada.

* En un tazón separado, más pequeño, mezcle la harina de arroz integral, el almidón de patata, la harina de tapioca, la goma xanthan y el polvo de hornear. Agregue gradualmente la mezcla de harina a la mezcla de azúcar y revuelva bien para combinar. Agregue la leche nondairy y mezcle hasta que se forme una masa suave. Desempolva ligeramente con harina de arroz integral si es pegajosa. Envuelva el papel pergamino y enfríe en el congelador durante unos 15 minutos, hasta que esté frío.

* Coloque todos los ingredientes para el relleno en un procesador de alimentos y pulse hasta que estén finamente desmenuzados y pegajosos, raspando los lados del tazón según sea necesario.

* Precalentar el horno a 375°F.

* Tome aproximadamente un tercio de la masa fría y enrolle (entre dos hojas de papel pergamino) en un rectángulo de aproximadamente 31/2 pulgadas de ancho y aproximadamente

1/4 de pulgada de espesor. Enfríe brevemente durante unos 5 minutos en el congelador. Despliegue una larga serpiente de relleno, como lo haría con arcilla, de aproximadamente 1 pulgada de ancho, y colóquelo en el centro del rectángulo. Dobla cada lado de la masa, como envolver un regalo, usar pergamino para ayudar a enrollarlo una y otra vez, y sellar suavemente usando las yemas de los dedos. Usted debe tener un tubo de masa ligeramente plana y larga y cerrada de relleno de perritos.

- Relájate de nuevo brevemente, durante unos 5 minutos. Voltea la masa llena para ocultar la costura en la parte inferior.

- Usando una hoja muy limpia, afilada y plana, cortada en secciones de 2 pulgadas, para que termines con formas que parecen una popular variedad de galletas de higo compradas en la tienda. Coloque 2 pulgadas de distancia en una hoja de galletas forrada de pergamino. Hornee de 15 a 17 minutos o hasta que se doren ligeramente en los bordes. Conservar en recipiente hermético durante un tiempo de hasta 1 semana.

SPRINGERLES

RENDIMIENTO: 30 GALLETAS

Estas galletas saben maravillosas con o sin el uso de un molde Springerle, así que no dude en dejarlas permanecer planas en la parte superior si no tiene moldes a mano.

3/4 de taza de margarina no láctea

1 taza de azúcar

1 cucharadita de extracto de anís

21/2 cucharaditas de reemplazo de huevo en polvo, como Orgran o EnerG, mezclado con 3 cucharadas de agua

1 taza de harina de arroz integral superfina

1/2 taza de harina de mijo

1 taza de almidón de patata

1/4 de taza de harina de tapioca

1 cucharadita de goma xanthan

1 cucharadita de polvo de hornear

1/2 cucharadita de bicarbonato de sodio

1/4 cucharadita de sal

- Precaliente el horno a 350°F. En un tazón grande, crema juntos la margarina, azúcar, y extracto de anís. Agregue el reemplazo de huevo preparado.

- En un tazón separado, mezcle el resto de los ingredientes. Añadir gradualmente en la mezcla de margarina y mezclar muy bien hasta que se forma una masa torpe. Enrolle la masa hasta aproximadamente 1/2 pulgada de espesor. Desempolvar ligeramente un molde Springerle con harina de arroz integral superfina, en relieve un patrón en la parte superior de la masa, y luego cortar galletas a medida con un cuchillo. Transfiéralo cuidadosamente a una bandeja para hornear sin desengrasar. Deje reposar durante 1 hora, y luego hornee durante 15 minutos, hasta que se dore muy ligeramente en bordes e fondos. Para evitar agrietamientos, abra la puerta del horno una pulgada más o menos mientras hornea. Deje enfriar completamente antes de usar una espátula para eliminar. Conservar en recipiente hermético durante un tiempo de hasta 1 semana.

GALLETAS CINNAMON GRAHAM

RENDIMIENTO: 30 GALLETAS

Una base perfecta para tantas recetas, como s'mores o costras de tarta de queso, estas galletas crujientes también son bastante grandes por sí solas. Estos son especialmente buenos adornados con un poco de almendra o mantequilla de coco.

1 taza de harina de trigo sarraceno

1 taza de harina de arroz integral superfina

1/4 de taza de harina de tapioca

3/4 de taza de maicena

2 cucharaditas de goma xanthan

1 cucharadita de polvo de hornear

1/2 cucharadita de bicarbonato de sodio

1 cucharadita de canela

1/2 taza de margarina fría no láctea

1/2 taza de azúcar morena empacada

1 cucharadita de extracto de vainilla

1/3 taza de leche no láctea

1/4 de taza de agave

1/4 de taza de melaza

3 cucharadas de azúcar turbinado mezcladas con

1/2 cucharadita de canela

- En un tazón grande, mezcle la harina de trigo sarraceno, la harina de arroz integral superfina, la harina de tapioca, la maicena, la goma xanthan, el polvo de hornear, el bicarbonato de sodio y la canela hasta que se mezclen bien.

- En un tazón separado, cremar juntos la margarina y el azúcar hasta que quede suave. Mezcle el extracto de vainilla, la leche nondairy, el agave y la melaza. Agregue gradualmente la mezcla de harina hasta que todas se incorporen y continúe mezclando hasta que se forme una masa rígida. Agregue un toque más de harina de trigo sarraceno si es pegajosa.

- Divida en dos secciones y palmaditas en discos. Precaliente el horno a 350°F. Enfríe cada disco brevemente (unos 15 minutos en el congelador) y luego despliegue entre dos trozos de papel pergamino hasta un poco menos de 1/4 de pulgada de espesor. Cortar en cuadrados y perforar agujeros en la parte superior (utilicé la punta de un palillo) para hacer agujeros y también para perforar la galleta. Para facilitar la rodadura y transferencia, mantenga la masa fría. Si comienza a perder forma fácilmente, vuelva a aparecer en el congelador (todavía en el pergamino rodante) durante unos minutos, y luego vuelva a dar forma a las galletas.

- La masa será bastante flexible y muy fácil de sacar del pergamino. Utilice una espátula de metal plano para ayudarle si es necesario. Colóquelo en una hoja de galletas sin desengrasar, espolvoree ligeramente con la mezcla de turbinado y canela, y hornee en horno precalentado durante unos 12 a 14 minutos, o hasta que esté firme y un toque más oscuro en los bordes.

- Deja que se enfríe por completo. Conservar en recipiente hermético durante un tiempo de hasta 1 semana.

RUGELACH

RENDIMIENTO: 20 GALLETAS

Mi madre sabe cómo hacer un poco de rugelach asesino. Si bien es una pastelería judía tradicional que se disfruta durante todo el año, el fragante relleno de frutas y crujientes crujientes de las galletas siempre marcaron el inicio de la temporada de vacaciones en nuestra casa.

1/4 de taza de albaricoques secos blandos

1/2 taza de dátiles, no demasiado suave

11/4 tazas de nueces

1/2 cucharadita de canela

1/4 cucharadita de nuez moscada

1/4 cucharadita de sal

1/4 de taza de azúcar

1 a 11/2 cucharadas de albaricoque o mermelada de fresa

1 receta Hojaldre

* Precaliente el horno a 400°F. Coloque los albaricoques, las dátiles, las nueces, la canela, la nuez moscada, la sal y el azúcar en un procesador de alimentos y pulse hasta que estén bien combinados. Agregue la mermelada, 1 cucharada a la vez hasta que la mezcla se agrupe.

- Despliegue la mitad de la hojaldre entre dos hojas de papel pergamino en un círculo de 12 pulgadas. Usando un cortador de pizza, corta unos diez triángulos pares. Coloque una pequeña bola del relleno en la pequeña punta del triángulo. Comenzando en el lado opuesto, enrolle la masa para cubrir, sellando la punta cuando el relleno esté todo empaquetado. Repita con la otra mitad de la masa. Coloque las galletas en una hoja de galletas sin desengrasar en el estante central del horno, con aproximadamente 1 pulgada de distancia, y hornee durante 20 minutos, o hasta que estén doradas. Conservar en recipiente hermético durante un tiempo de hasta 2 semanas.

GALLETAS CRUJIENTES DE LIMA GLASMAL

RENDIMIENTO: ALREDEDOR DE 12 GALLETAS

Estas galletas picantes son deliciosas por sí solas y hacen un regalo excepcional servido con una cucharada de heladodefresa. O bien, córtalos un poco más grandes, luego rellena con tu helado favorito y congele para un regalo irresistiblemente dulce y picante.

Galletas

3/4 de taza de acortamiento frío

1/3 taza de azúcar de confiteros en polvo

1/4 de taza de azúcar

Ralladura de 1 lima (aproximadamente 1 cucharadita)

2 cucharadas de jugo de lima

1/2 cucharadita de sal

11/4 tazas de harina de sorgo

1/2 taza de almidón de raíz de flecha

1/4 de taza de harina de tapioca

1 cucharadita de goma xanthan

glasear

1 taza de azúcar de confiteros

5 cucharadas de jugo de lima recién exprimido

Ralladura de lima para decorar

- Enmascara el acortamiento, los azúcares, la ralladura de lima y el jugo de lima hasta que estén suaves. En un tazón separado, mezcle la sal, la harina de sorgo, el almidón de raíz de flecha, la harina de tapioca y la goma xantana y luego incorpore gradualmente en la mezcla de azúcar mientras mezcla hasta que se forme una masa firme. Aplanar en un disco y enfriar en el congelador durante unos 15 minutos. Mientras la masa se enfría, precaliente el horno a 350°F.

- Despliegue la masa entre dos hojas de plástico y adhesiva a una superficie plana hasta que de aproximadamente 1/4 de pulgada de espesor. Corte en cuadrados de 2 pulgadas y colóquelo en una hoja de galletas sin desengrasar.

- Hornee durante 15 minutos. Deje enfriar y agregue el glaseado a las tapas. Para hacer el glaseado, simplemente bate los ingredientes del glaseado hasta que estén completamente suaves y escurriendo. Coloca una cuchara en la parte superior de las galletas y deja secar unos 10 minutos. Coloca una cuchara en otra capa y cubre con ralladura de lima. Deje que el glaseado se endurezca por completo antes de servir. Conservar en recipiente hermético durante un tiempo de hasta 1 semana.

Palmeras

RENDIMIENTO: 18 GALLETAS

Estas galletas prim y apropiadas seguramente impresionarán en su próxima reunión con amigos. Son tan elegantes y hermosas, que no creerás lo fáciles que son si ya tienes hojaldre a mano.

1 receta Hojaldre

1 taza de azúcar turbinado

1 cucharada de maicena mezclada con 3 cucharadas de agua

- papel pergamino.

- Divida la hojaldre en dos secciones y despliegue cada una en dos rectángulos, aproximadamente 12 pulgadas por 6 pulgadas. Desempolva las tapas de cada rectángulo con 1/2 taza de azúcar turbinado para cubrir uniformemente. Comenzando desde los bordes de los dos lados más largos del rectángulo, enrolla los bordes de la galleta hacia adentro, enrollando dos bobinas separadas para que se enfrenten entre sí y eventualmente se encuentren. Tendrá un tubo largo con dos secciones distintas. Corte en galletas de 1/2 pulgada de ancho y colóquelas directamente en la hoja de galletas preparada. Cepille con mezcla de maicena. Espolvorear con turbinado adicional. Hornee durante 12 minutos, o hasta que se dore. Deje enfriar completamente antes de servir. Conservar en recipiente hermético durante un tiempo de hasta 1 semana.

GALLETAS ICEBOX LAVENDER

RENDIMIENTO: UNAS 30 GALLETAS

Los cogollos de lavanda frescos son los mejores para estos, pero, si no tienes frescos, secos sin duda lo harán. Usted puede obtener lavanda seca ya sea en línea o en tiendas de hierbas especiales; buscar cogollos que tienen un buen color de lavanda profunda en las puntas. Me gusta colocar cogollos secos en un recipiente hermético de vidrio con una cáscara de naranja o limón durante aproximadamente 1 hora antes de usarlos para suavizarlos un poco.

11/4 tazas de harina de sorgo

1/2 taza de harina de arroz integral (superfino es mejor, pero cualquiera de los dos se puede utilizar)

1/2 taza de almidón de patata

1/4 de taza de harina de tapioca

11/3 taza de azúcar de confiteros

1 cucharadita de goma xanthan

1 taza de margarina no láctea muy fría

1 cucharada de harina de semillas de lino

2 cucharadas de agua

1/2 taza de azúcar granulada para laminación

3 cucharadas de cogollos de lavanda frescos o secos para rodar

- En un procesador de alimentos, combine todos los ingredientes a través de la goma xanthan y pulse varias veces para combinar bien. Agregue la margarina, alrededor de una cucharada a la vez, y continúe pulsando hasta que se desmenuza. En un tazón pequeño, combine la comida de linaza con agua y deje reposar hasta que esté en gel, durante unos 5 minutos. Agregue la comida de linaza preparada y mezcle bien hasta que se forme una masa pegajosa.

- Divida la masa en dos secciones y dé forma a cada una de las mejores que pueda en un tronco utilizando dos trozos de papel pergamino. Para hacer troncos perfectamente redondos, congele cada tronco durante aproximadamente una hora, luego enrolle (mientras todavía está en el pergamino) sobre una superficie plana para crear un cilindro más uniforme. Vuelva al congelador y enfríe al menos una hora adicional y hasta la noche.

- Una vez listo para hornear, precaliente el horno a 350°F y extienda otro trozo de pergamino o papel de aluminio con una mezcla de azúcar granulada y lavanda. En una superficie plana, enrolle el tronco suavemente pero firmemente en la mezcla para cubrir, asegurándose de no ser demasiado áspero para romper la masa. Cortar usando un cuchillo afilado en
Rondas de 1/2 pulgada de espesor y colóquelo en una hoja de galletas sin desengrasar.

Hornee de 15 a 17 minutos, o hasta que estén hinchados y los fondos estén dorados claros. Deja enfriar completamente antes de comer. Almacene las galletas horneadas en recipiente hermético durante un tiempo de hasta 1 semana.

CRUJIDOS MOCHA

RENDIMIENTO: 36 GALLETAS

Espresso y chocolate se reúnen para una galleta oscura y encantadora que es fácil de desplegar y aún más fácil de disfrutar! Estas galletas se congelan bien tanto como una masa o prebaked. Simplemente descongele a temperatura ambiente durante 30 minutos antes de hornear o disfrutar.

2 cucharadas de harina de linaza

1/4 de taza de agua

2/3 taza de acortamiento no hidrogenado

1 taza de azúcar

1 cucharadita de bicarbonato de sodio

1 cucharadita de sal

1 cucharadita de goma xanthan

11/4 tazas de harina de arroz integral

1/3 taza de cacao en polvo

1/2 taza de harina de teff

1/2 taza de harina de tapioca

2 cucharaditas de espresso instantáneo en polvo

1 cucharada de leche no láctea

1/3 taza de chips de chocolate no lácteos

* Precalentar el horno a 375°F. En un tazón pequeño, mezcle la comida de

linaza con el agua y deje reposar hasta que esté en gel, durante unos 5 minutos.

- En un tazón grande, crema juntos el acortamiento y el azúcar junto con la comida de linaza preparada. Mezcle hasta que quede suave.

- En un tazón separado, mezcle el bicarbonato de sodio, la sal, la goma xantana, la harina de arroz integral, el cacao en polvo, la harina de teff, la harina de tapioca y el espresso instantáneo en polvo. Reúna la mezcla de acortamiento y la mezcla de harina hasta que se forme una masa desmenuzada y, mientras todavía se mezcla, agregue la 1 cucharada de leche no láctea hasta que la masa se junte. Forma en dos discos pares y despliegan entre dos hojas de papel pergamino hasta 1/4 de pulgada de espesor. Corte con una cortadora de galletas y transfiérala a una hoja de galletas sin desengrasar usando una espátula de metal plano. Hornee durante 9 minutos. Retire del horno y espolvoree chips de chocolate sobre las galletas calientes. Deje establecer durante 1 minuto y luego extienda el chocolate finamente sobre la parte superior de las galletas. Deje enfriar completamente antes de servir. Conservar en recipiente hermético durante un tiempo de hasta 1 semana.

GALLETAS MATCHA

RENDIMIENTO: 24 GALLETAS

Matcha es el polvo de hojas de té verde finamente molidas, más a menudo utilizado como un té ceremonial. Busca el matcha de la más alta calidad que puedas para obtener el mejor sabor. Matcha se puede obtener de tiendas de té, en línea, y en muchas cadenas de supermercados que ofrecen artículos especiales, como Whole Foods.

1 cucharada de harina de semillas de lino

2 cucharadas de agua

1/4 de taza + 3 cucharadas de margarina no láctea

1/3 taza de azúcar de confiteros

2 cucharadas de azúcar

3/4 de taza de harina de sorgo

1/4 de taza de harina de tapioca

1/4 de taza de almidón de patata

1/3 taza + 1 cucharada de harina de almendras

1 cucharadita de goma xanthan

2 cucharadas de matcha en polvo

* En un tazón pequeño, mezcle la comida de linaza y el agua y deje reposar hasta que esté en gel, durante unos 5 minutos.

- En un tazón separado, cremar juntos la margarina y los azúcares hasta que quede suave. Agregue la comida de linaza preparada.

- En otro tazón, mezcle las harinas, el almidón de patata, la harina de almendras, la goma xanthan y el matcha en polvo y luego combine con la mezcla de margarina para formar una masa suave, pero viable. Si la masa es demasiado pegajosa, agregue un toque más de harina de sorgo hasta que sea fácil de manejar. Envuelva la envoltura de plástico y enfríe en el congelador durante unos 15 minutos. Mientras la masa se enfría, precalienta el horno a 350°F y forra una hoja de galletas con papel pergamino o una estera de silicona.

- Despliegue la masa fría a un espesor de 1/4 pulgada entre dos hojas de papel pergamino. Retire la parte superior del pergamino y corte en las formas deseadas usando cortadores de galletas. Deslice la pieza inferior del pergamino y las galletas en una hoja de galletas y enfríe durante 5 minutos adicionales en el congelador, o 15 minutos en la nevera. Usando una espátula de metal plano, transfiera cuidadosamente las galletas cortadas a una bandeja para hornear cubierta de pergamino. Espolvoree con azúcar y hornee durante 12 minutos. Deje enfriar completamente antes de servir. Conservar en recipiente hermético durante un tiempo de hasta 1 semana.

¡Usa un café con leche matcha mientras las galletas hornean! Para hacer un café con leche simple, simplemente agregue 1 cucharadita de matcha en polvo a 1 taza de leche no láctea muy caliente. Espuma con tenedor, añadir un toque de stevia o agave al gusto. ¡Voilà! Matcha felicidad.

LADYFINGERS

RENDIMIENTO: ALREDEDOR DE 36 LADYFINGERS

Úsalos como base para Tiramisú o come solo. Al mezclar, asegúrese de medir exactamente como incluso un poco demasiado líquido puede hacer que estas galletas, que están basadas en garbanzos, se propaguen y se vuelvan más planas de lo deseado. Si usted tiene uno disponible, una sartén de ladyfinger antiadherente y ligeramente engrasada es útil para hornear ladyfingers perfectos.

1/2 taza de harina de arroz integral

1/2 taza + 3 cucharadas de harina de frijol/garbanzo

2 cucharadas de harina de tapioca

2 cucharadas de almidón de patata

21/2 cucharaditas de polvo de hornear

1/4 cucharadita de sal

1/2 cucharadita de goma xanthan

3/4 de taza de azúcar

1 cucharadita de vinagre de sidra de manzana

1/2 taza de margarina no láctea, suavizada

2/3 taza de leche no láctea

- Precalentar el horno a 375°F. Rocíe ligeramente una sartén ladyfinger con un spray antiadherente o forre una bandeja de galletas pesada con pergamino.

- En un tazón grande, mezcle los ingredientes secos hasta que estén bien mezclados. Agregue el vinagre, la margarina y la leche nondairy y mezcle vigorosamente hasta que esté esponjosa. Colóquelo en una bolsa de tuberías equipada con una punta redonda ancha y encierre alrededor de 1 cucharada de masa en la plantilla de sartén ladyfinger o en línea recta, a unos 2 pulgadas de distancia, directamente sobre el papel pergamino. Tenga cuidado de no canalizar demasiada masa o las galletas se extenderán.

- Hornee de 13 a 15 minutos, o hasta que se doren en los bordes. Deje enfriar completamente antes de servir. Conservar en recipiente hermético durante un tiempo de hasta 1 semana.

MADELEINES

Estas galletas ligeras y crujientes son perfectas en cualquier momento que desee un regalo, pero quieren evitar cualquier cosa que sea demasiado pesada o densa. Usted querrá recoger una sarten madeleine o dos para hacer estos, pero estos se pueden obtener fácilmente por menos de $ 10 en la mayoría de las tiendas de suministros de cocina o en línea.

3 cucharaditas de polvo de hornear

1/4 cucharadita de sal

1/2 taza de harina de arroz blanco

1/2 taza + 2 cucharadas de harina de frijol/garbanzo

2 cucharadas de harina de tapioca

3 cucharadas de almidón de patata

1/2 cucharadita de goma xanthan

1 taza de azúcar de confiteros

1 cucharadita de vinagre de sidra de manzana

1/2 taza de margarina no láctea

1/2 taza de leche no láctea

* Precalentar el horno a 375°F. Rocíe ligeramente una sartén de madeleine con un aerosol antiadherente o engrase ligeramente con aceite de oliva.

- En un tazón grande, mezcle el polvo de hornear, la sal, la harina de arroz blanco, el frijol, la harina de tapioca, el almidón de patata y la goma xantana.

- Agregue el azúcar de la confitería, el vinagre de sidra de manzana, la margarina y la leche nondairy y mezcle a alta velocidad (o muy rápido usando un batidor de globos resistente) durante 2 minutos usando un accesorio de batidor hasta que la masa esté esponjosa y suave.

- Coloca unas 2 cucharaditas de masa en los moldes de la madeleine y esparce uniformemente usando un cuchillo pequeño. Los moldes de galletas deben estar tres cuartos llenos. Rap la sartén en una superficie uniforme unas cuantas veces para quitar los bolsillos de aire.

- Hornee durante 11 a 13 minutos, o hasta que se dore de color marrón oscuro en el lado de la concha marina y rubio claro en los fondos. Deje enfriar antes de retirar suavemente de los moldes. Conservar en recipiente hermético durante un tiempo de hasta 1 semana.

SPRITZ DE VACACIONES

RENDIMIENTO: 48 GALLETAS

Estas galletas navideñas pequeñas y clásicas pueden ser fáciles de hacer, pero siempre se aprecia un poco de delicadeza. Recomiendo una prensa de galletas de metal sobre cualquier otro, ya que la masa tiende a pegarse menos a ellos. Además, asegúrese de que la masa se enfríe antes de tuberías para obtener resultados perfectos.

2 cucharaditas de huevo en polvo (como Orgran)

2 cucharadas de agua

11/2 tazas de harina de arroz integral

1/2 taza de harina de arroz blanco

2/3 taza de almidón de patata

1 cucharadita de goma xanthan

1 taza de margarina no láctea

1 taza de azúcar de confiteros

11/2 cucharaditas de extracto de vainilla

* En un tazón pequeño, mezcle el huevo en polvo y el agua. En un tazón grande, mezcle la harina de arroz integral, la harina de arroz blanco, el almidón de patata y la goma xantana. Engendra la margarina, el azúcar y

el extracto de vainilla y luego agregue la mezcla de reemplazo de huevo. Agregue gradualmente la mezcla de harina hasta que se forme una masa rígida. Si la masa parece demasiado suave, agregue hasta 2 cucharadas de harina de arroz marrón o blanco. Enfríe durante 2 horas en nevera, hasta que esté muy frío.

- Precaliente el horno a 400°F.

- Coloque en la prensa de cookies y encaje con el disco de elección. Montar pulse según las instrucciones y presione las cookies en las formas deseadas en una hoja de galletas cubierta de pergamino. Trabajar rápidamente y asegúrese de mantener la masa fría; ¡esta es la clave! Hornee galletas durante 7 minutos o hasta que estén ligeramente doradas en los bordes. Deje enfriar completamente antes de servir. Conservar en recipiente hermético durante un tiempo de hasta 3 semanas.

CONVERSIONES MÉTRICAS

Las recetas de este libro no han sido probadas con mediciones métricas, por lo que podrían producirse algunas variaciones.

Recuerde que el peso de los ingredientes secos varía según el factor de volumen o densidad: 1 taza de harina pesa mucho menos de 1 taza de azúcar, y 1 cucharada no necesariamente tiene 3 cucharaditas.

Fórmula general para la conversión métrica

Onzas a gramos   multiplican onzas por 28.35

Gramos a onzas   multiplican onzas por 0.035

Libras a gramos   multiplican libras por 453.5

Libras a kilogramos   multiplican libras por 0.45

Copas a litros   multiplican tazas por 0.24

Fahrenheit a Celsius   restan 32 de Fahrenheit

temperatura, multiplicarse por 5, dividir por 9

Celsius a Fahrenheit   multiplican la temperatura celsius por 9,

dividir por 5, añadir 32

Mediciones de volumen (líquido)

1 cucharadita = 1/6 onza líquida = 5 mililitros

1 cucharada = 1/2 onza líquida = 15 mililitros 2 cucharadas = 1 onza fluida = 30 mililitros

1/4 de taza = 2 onzas fluidas = 60 mililitros

1/3 taza = 2onzas líquidas2/3 = 79 mililitros

1/2 taza = 4 onzas fluidas = 118 mililitros

1 taza o 1/2 pinta = 8 onzas fluidas = 250 mililitros

2 tazas o 1 pinta = 16 onzas fluidas = 500 mililitros

4 tazas o 1 cuarto = 32 onzas fluidas = 1.000 mililitros

1 galón = 4 litros

Equivalentes de temperatura del horno, Fahrenheit (F) y Celsius (C)

100 grados Fahrenheit - 38 grados Fahrenheit

200 grados Fahrenheit - 95 grados Fahrenheit

250 grados Fahrenheit - 120 grados Fahrenheit

300 grados Fahrenheit - 150 grados Fahrenheit

350 grados Fahrenheit - 180 grados Fahrenheit

400 grados Fahrenheit a 205 grados Fahrenheit

450 grados Fahrenheit - 230 grados Fahrenheit

Mediciones de volumen (seco)

1/4 cucharadita = 1 mililitro

1/2 cucharadita = 2 mililitros

3/4 cucharadita = 4 mililitros 1 cucharadita = 5 mililitros

1 cucharada = 15 mililitros

1/4 de taza = 59 mililitros

1/3 taza = 79 mililitros

1/2 taza = 118 mililitros

2/3 taza = 158 mililitros

3/4 de taza = 177 mililitros 1 taza = 225 mililitros

4 tazas o 1 cuarto = 1 litro

1/2 galón = 2 litros 1 galón = 4 litros

Mediciones lineales

1/2 in = 11x2 cm

1 pulgada = 21/2 cm

6 pulgadas = 15 cm

8 pulgadas = 20 cm

10 pulgadas = 25 cm

12 pulgadas = 30 cm

20 pulgadas = 50 cm

Lightning Source UK Ltd.
Milton Keynes UK
UKHW022301130821
388799UK00005B/51